教育部人文社会科学研究规划基金项目资助（项目编号：21YJA790032）

养老保险购买问题研究

李　毅　杨　霞　金　山　著

中国金融出版社

责任编辑：石　坚
责任校对：潘　洁
责任印制：陈晓川

图书在版编目（CIP）数据

养老保险购买问题研究／李毅，杨霞，金山著．—北京：中国金融出版社，2022.12
ISBN 978-7-5220-1862-1

Ⅰ.①养…　Ⅱ.①李…　②杨…　③金…　Ⅲ.①养老保险—购买行为—研究—中国　Ⅳ.①F842.67

中国版本图书馆 CIP 数据核字（2022）第 243940 号

养老保险购买问题研究
YANGLAO BAOXIAN GOUMAI WENTI YANJIU
出版
发行　中国金融出版社
社址　北京市丰台区益泽路 2 号
市场开发部　(010)66024766，63805472，63439533（传真）
网 上 书 店　www.cfph.cn
　　　　　　(010)66024766，63372837（传真）
读者服务部　(010)66070833，62568380
邮编　100071
经销　新华书店
印刷　北京九州迅驰传媒文化有限公司
尺寸　169 毫米×239 毫米
印张　13.25
字数　192 千
版次　2022 年 12 月第 1 版
印次　2022 年 12 月第 1 次印刷
定价　88.00 元
ISBN 978-7-5220-1862-1

前　言

中国进入人口老龄化社会已过20年[①]，2021年中国65岁及以上的老龄人口超过了2亿人，老龄化程度达14.2%，老龄化程度不断加重，养老保障体系面临着极大的挑战。

最常见的养老保障体系是由世界银行提出的“三支柱”体系。但在中国，第一支柱的社会基本养老保险一柱独大，财政负担压力巨大难以持续性投入，已引起社会广泛关注。第二支柱的企业年金受经济形势波动、企业成本压力增大、不同企业体制差异巨大等多种因素影响，普及面扩大和保障额提升的不确定性走强。因此，发展第三支柱的商业养老保险迫在眉睫。

尽管国家的权威文件早已明确指出“保险具有经济补偿、资金融通和社会管理功能，是市场经济条件下风险管理的基本手段”，但目前保险在经济发展、社会安定、人们生活中所发挥的作用还远远不够。在市场经济中，理性的需求方当然会逐“利”而为，养老保险消费者也不会例外。只有养老保险购买者获得了寻求的“利”，养老保险的作用才能真实、真正地发挥。

养老保险的购买动机包括保障动机、储蓄动机和投资动机。保障动机是指人们购买养老保险可以避免未来的老年生活质量下降；储蓄动机是指人们购买养老保险可以实现更长生命周期的最优消费；投资动机是指人们

① 老龄化程度指标可以有两个：60岁及以上人口占比达到10%或者65岁及以上人口占比达到7%。按照前一标准，中国于1999年进入老龄化社会；按照后一标准，中国于2001年进入老龄化社会。本书使用的老龄化程度指标均为后者。

购买养老保险可以获取生者利。如果人们购买养老保险，长寿风险的“风险”将带来“收益”，从保障视角看为获得长寿保障，从储蓄视角看为获得长寿给付，从投资视角看为获得生者利。

储蓄动机的一个结论是储蓄的完全年金化，而投资动机更是为了追求生者利视角下的高投资回报。显然，储蓄动机、投资动机与人们的金融资产配置选择有着一定的关系。金融资产配置理论可以分为消费型金融资产配置理论与财富型金融资产配置理论，前者追求财富效用的最大化，由马柯维茨于 1952 年提出；后者追求跨期消费效用的最大化，源自默顿 1969—1973 年发表的一系列经典文献。

储蓄动机视角下的消费型养老保险购买最优模型由雅瑞（1965）创建。按照消费型金融资产配置理论的视角，雅瑞的研究结论可以表述为：储蓄全部配置为年金资产是人们的最优资产配置选择。尽管“储蓄完全年金化”这一结论受到了广泛质疑，并引发了人们对“年金之谜”问题的关注，但消费型养老保险购买最优模型的建模思路和拓展方向仍然在大多数学者心中根深蒂固。

财富型金融资产配置理论的一个配置标准是财富效用的最大化。如果将养老保险看作是一种金融资产的话，那么人们在追求财富效用最大化时可以将养老保险作为金融资产配置的一种选择。基于此，本书建立了投资动机下的财富型养老保险购买最优模型。

在利己主义与利他主义、财富可加性与财富效用可加性、精算公平定价与保费附加定价等不同情境假设下，财富型养老保险购买最优模型有着一系列的最优解。模型结果表明，即使在保费精算公平定价和人们无遗产动机的理想状态下，人们也不一定选择储蓄完全年金化；而在其他情况下，储蓄全部年金化通常不是人们的最优选择。财富型最优模型的研究结果比雅瑞的结论更贴近实际。

财富型养老保险购买最优模型还研究了产品“三率”、政策支持与最优养老保险购买的关系。结果表明，除了死亡率可能与养老保险购买呈正向关系这一涉及投资动机的特别结论，费用率、预期利率、遗产税、所得税等因素与养老保险购买的相关关系与传统判断一致。

与以往寿险需求众多影响因素实证的研究思路不同，本书认为保障动机、储蓄动机和投资动机直接影响着养老保险购买。因此，选择代表性指标实证检验三大动机对于养老保险购买的影响效应更有意义。

本书使用 OECD20 个国家的面板数据，实证检验了养老保险购买的三大动机。结果表明，保障动机、储蓄动机与商业年金保费呈明显正向关系，而投资动机与商业年金保费呈明显反向关系，与预期完全一致。

本书还使用美国的时间序列数据，考察了三大动机以及税收优惠与养老保险实际购买量之间的相关关系。结果表明，保障动机、储蓄动机以及实际税收抵扣的变化与个人年金实际保费呈明显正向关系，投资动机与个人年金实际保费呈明显反向关系，也与预期完全一致。

自保险业复业以来，中国养老保险保费增长迅速。然而，商业养老保险业务的发展历程并不是一帆风顺的，它既有过风光无限，也有过坎坷。根据商业养老保险业务的起伏，可以将其划分为恢复期（1982—1992年）、爬坡期（1993—2005 年）和增长期（2006 年至今）三个阶段。今天，随着行业对养老保险业务的逐渐重视，商业养老保险业务规模不断扩大，而且新管理、新产品、新思路不断涌现。

当前，中国养老保险实践面临的最大问题是提供的养老产品和服务难以满足人民群众日益增长的多动机购买需求。与世界最大的寿险市场——美国相比，中国年金保险产品比例明显偏低，养老保险产品供给不足。美国年金产品在寿险产品中的比重一直保持在50%左右，而中国年金产品在寿险产品中的比重却不到20%。进一步对比中美两国个人年金产品，会发现美国个人年金产品占寿险产品的比重明显高于中国的数据，超过2倍。

人寿保险需求理论认为，逆向选择的存在是阻碍商业养老保险发展的重要原因。本书依据 2018 年中国综合社会调查数据使用 Probit 模型实证发现我国商业养老保险市场存在逆向选择问题。异质性分析结果显示，仅青年群体中不存在逆向选择问题，中年群体中的逆向选择问题比老年群体严重；城镇人口比农村人口严重，收入较高者比收入较低者严重。使用 2015 年数据和 2018 年剔除老年人群的数据进行稳健性检验、采用工具变量法进行内生性检验后的结果依然稳健。进一步利用双变量 Probit 模型研究健康风险感知、心理状况和风险态度对逆向选择行为内在影响的结果显示，感知到自身健康的个人更可能有逆向选择行为，良好的心理状况也促进了逆向选择行为的发生，对风险的偏好态度则抑制了逆向选择行为的发生。

人们通常认为税收优惠能够迅速推动商业养老保险发展，但中国税收递延型商业养老保险试点情况不尽如人意。本书在标准生命周期消费框架下建立了税收优惠影响商业养老保险购买的长期和短期决定模型，并使用1977—2016年的美国数据进行了基于拔靴法的长期检验和广义加性模型的短期实证。结果表明，税收优惠政策对于商业保险养老保险的激励效应在长期内呈现显著的杠杆正效应，但在短期内是不显著的，从而解释了税收递延型商业养老保险“叫好不叫座”的现状。实证结果对于中国税收递延型商业养老保险的健康发展有着重大的政策意义。

推动人们购买养老保险，需要政府和行业的共同努力。从政府层面看，需要尽快出台税收递延优惠政策；从供给层面看，需要加快建立融合多动机、提供多服务、涵盖多产品的“三多”养老保险产品和服务体系。

多动机是指养老保险新产品的开发需要考虑涵盖保障动机、储蓄动机和投资动机，全面满足客户需求。缴费长期、给付终身、回报较高、低死亡保障是此类养老保险产品的特色。

多服务是指保险公司依托养老产业链延伸，借助养老保险产品为客户提供多种增值或者附加服务。保险业作为参与老年保险市场的排他性行业，可以扩展养老保险产品所提供的服务范围，除了传统的给付责任等保险服务，还可以延伸至养老产业链的其他细分子市场，提供相关的增值养老服务。

多产品是指保险公司通过建立养老社区整合多种保险产品以及其他养老服务产品，实现经营的范围经济。保险公司建立养老社区，不仅可以提供承保业务中养老保险、医疗保险、护理保险等保险产品对应的服务，而且还可以通过提供住宅等其他服务提升投资业务效益。其中，“连锁”模式可以作为保险养老社区发展的新思路。

目　　录

第五章　养老保险购买的中国实践

第六章　中国商业养老保险发展的阻力机制

第七章　中国商业养老保险发展的动力机制

第一章
绪 论

第一节　研究背景与意义

一、研究背景

（一）自愿性养老保险在养老保障体系的地位明显不高

中国进入老龄化社会已经成为毋庸置疑的现实。截至 2021 年末，中国 65 岁及以上老人超过了 2 亿人，约占全国总人口的 14.2%，明显高于老龄化社会 7%的起点标准。依据经济合作与发展组织（OECD）的研究结果，预计到 2050 年中国 80 岁及以上人口占比将达到 7%（见图 1-1），远远高于 65 岁及以上老人占总人口 7%的老龄化国际标准。

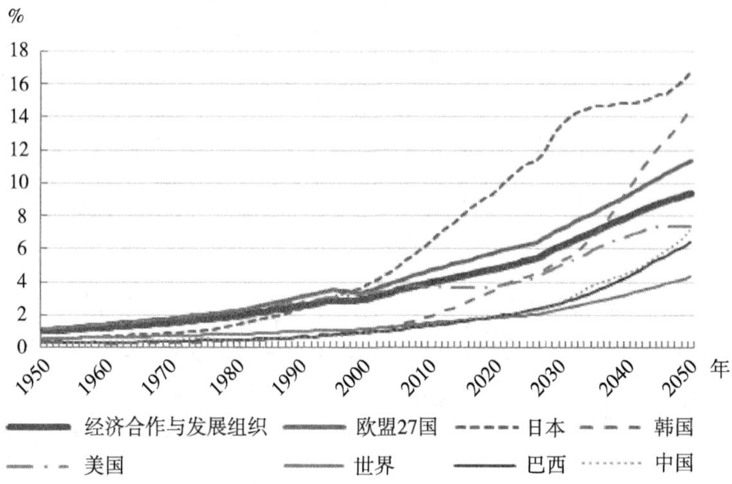

图 1-1　80 岁以上老龄人口占比的国际比较

（资料来源：OECD）

然而，作为应对老龄化的国家重要制度安排——中国养老保障体系的现状却令人担忧。根据 OECD 有关数据，按养老基金总额指标和养老基金占 GDP 之比指标，中国在 OECD 各国以及金砖五国中均排名很靠后。造成上述差距的主要原因在于中国的自愿性养老保险发展程度不够，国家政策也没有给予应有的支持。

无论是传统的“三支柱”理论还是世界银行近年来新提出的“五支柱”理论，一个完善的国家养老保障体系都需要国家基本养老制度、企业补充养老制度和个人储蓄性养老制度在内的各支柱的共同支撑。然而，对比最近5个国家五年计划纲要（见表1-1），从国家大政方针的表述来看，社会养老保险从“扩大实施范围”到“扩大覆盖范围”再到“完善制度”和“实现”，企业年金从“鼓励”到还是“鼓励”再到“发展”最后到“构建”“发展”，而商业保险从“发挥补充作用”到“没有表述”到“发挥补充作用”再到“构建”“发展”。不难发现，社会养老保险仍然是始于1997年的中国养老保障体系的主体，企业年金和商业养老保险仍然有待发展。

表1-1　国家规划中的养老保障体系相关表述

<table>
<tr><th>养老保障体系</th><th>“十五”规划</th><th>“十一五”规划</th><th>“十二五”规划</th><th>“十三五”规划</th><th>“十四五”规划</th></tr>
<tr><td>国家基本养老制度（社会养老保险）</td><td>依法扩大养老保险实施范围</td><td>扩大城镇基本养老保险覆盖范围</td><td>完善实施城镇职工和居民养老保险制度</td><td>完善统账结合的城镇职工基本养老保险制度</td><td>实现基本养老保险全国统筹</td></tr>
<tr><td>企业补充养老制度（企业年金）</td><td>鼓励有条件的用人单位为职工建立企业年金</td><td>鼓励有条件的企业建立补充保险</td><td>发展企业年金和职业年金</td><td rowspan="2">构建包括职业年金、企业年金和商业保险的多层次养老保险体系</td><td rowspan="2">发展多层次、多支柱养老保险体系</td></tr>
<tr><td>个人储蓄性养老制度（商业保险）</td><td>同时发挥商业保险对社会保障体系的补充作用</td><td></td><td>发挥商业保险补充性作用</td></tr>
</table>

注：未列入机关事业单位养老事业和农村养老保险等相关表述。

资料来源：国家“十五”“十一五”“十二五”“十三五”和“十四五”规划纲要。

显然，现有的以强制性社会养老保险制度为主的养老保障体系难以应对越来越严重的老龄化现象，难以满足未来老年人的体面生活，需要大力发展自愿性养老保险，这也正是国家“十二五”规划的具体要求（见表 1-1）。

（二）保险在家庭金融资产中的占比明显偏低

众所周知，银行储蓄、证券和保险各占 1/3 是成熟的市场经济国家的家庭金融资产配置的常见标准。但是，正如安联集团发布的《2020 年安联全球财富报告》所强调的那样，尽管中国人均金融资产在近二十年增长迅速，领跑亚洲，但保险和养老金资产的占比仍然偏低。2019 年底，在中国家庭金融资产中，银行储蓄占比 49%，证券投资类资产占比 41%，而保险和养老金资产的比例仅为 10%，明显偏低。

若要优化中国家庭金融资产的配置，显然需要提升保险资产的占比，其中的一条重要途径就是大力发展养老保险。

（三）投资需求在寿险购买中的作用逐年上升

传统的保险理论认为，消费者购买人寿保险的主要动机包括保障动机和储蓄动机，但这与中国寿险业的实践有着较大的差异。2019 年，传统寿险占比 46%，而代表投资需求的新型寿险产品的比例约为 54%（见图 1-2）。

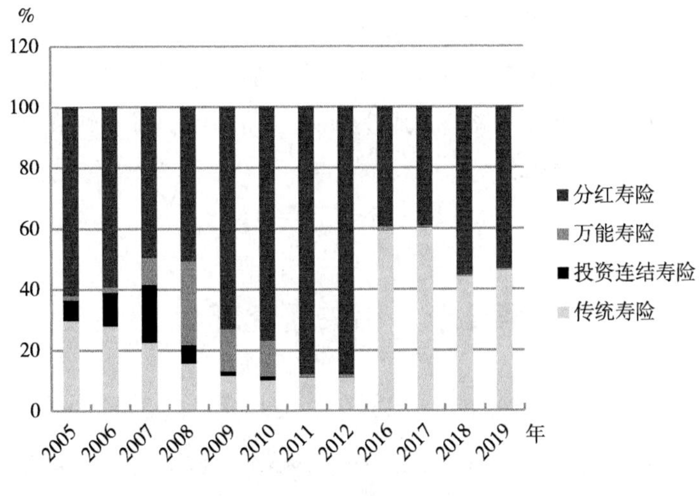

图 1-2　中国寿险产品结构（2005—2019 年）

（资料来源：CIRC）

显然，在很大程度上，人们购买保险是为了寻求投资回报，是为了寻找金融资产的最优配置，这就使尝试从投资回报的视角重新考察养老保险的购买问题成为必要。

二、研究意义

第一，本书借助养老保险购买的理论诠释和实证检验，实证检验了养老保险购买的阻力和动力机制，提出政策支持养老保险的具体依据和应对措施，不仅有利于明晰如何“发挥商业保险补充性作用”的“十二五”规划政策导向以应对老龄化社会的挑战，而且有利于健全社会养老保险、企业年金、商业养老保险“三支柱”养老保障体系和完善银行、证券、保险“三足鼎立”的金融体系。

第二，本书聚焦于商业养老保险的潜在目标市场，论证了目标人群的养老保险购买需要，为保险公司未来发展养老保险提供了较准确的市场定位。根据经济状况的不同，个人养老可以分为三类情况：高收入人群收入高，养老问题主要靠自己；低收入人群收入低，养老问题主要靠政府；而中等收入人群有一定收入，养老问题既靠政府，也靠市场。商业养老保险的目标市场应该定位于中等收入人群，本书认为人们购买养老保险有投资动机，也正是基于此种考虑。一旦支持商业养老保险发展的政策出台，本书的不少结论将有着重要的实践意义。

第三，本书讨论了政策支持养老保险发展背景下的多动机、多服务和多产品的保险公司产品策略，从而为保险公司如何更好更快发展养老保险提供了可供参考的具体措施。

第二节　相关研究现状

养老保险作为应对生命风险的一种安排，其购买问题的研究至少可以追溯到著名经济学家费雪 1930 年的名著《利息理论》，他写道：“这种基于生命、健康和赚钱能力的不确定性的风险，与资本收入的不确定性有所不同……这是因为人是具有双重身份的——他是生产者，又是消费者。”[①] 沿着费雪和另一位著名经济学家马歇尔（1890）的思想，Yaari（1965）发表了题为《寿命不确定性、人寿保险和消费者理论》的人寿保险需求理论开山之作，指出人们可以通过购买年金来应对寿命的不确定性，以实现生命周期消费效用最大化。既然年金是典型的养老保险产品形态，那么与其说 Yaari 回答了人寿保险需求，倒不如说他解释了养老保险需求。Yaari 的研究还隐含了一个结论，即为了实现消费效用最大化，人们会把储蓄全部用于购买年金，或者说人们会选择储蓄完全年金化（Davidoff、Brown 和 Diamond，2005）。

但是，现实社会中人们并没有大量购买年金，并不符合 Yaari（1965）的结论，Friedman 和 Warshawsky（1990）将其命名为“年金之谜”（Annuity Puzzle）。理论与实践的差异引起了研究者们对“年金之谜”背后原因的探寻。之后十多年，不少经济学家尝试用实证方法从遗产动机、社会保障制度、附加保费因子以及逆向选择等方面来解释“年金之谜”这个现象（Friedman 和 Warshawsky，1990；Bernheim，1991；Mitchell、Poterba、Warshawsky 和 Brown，1999；Finkelstein 和 Poterba，2004；等等）。然而，他们的研究更多局限在假说的实证检验领域。

数理模型上有所突破的是 Davidoff、Brown 和 Diamond（2005）。他们放松了效用函数独立性假设，并指出在一个阿罗—德布鲁完全市场中，人们会选择储蓄完全年金化；在年金缺乏流动性的不完全市场中，储蓄完全年金化不是人们的最优选择。或许是因为 Davidoff、Brown 和 Diamond（2005）的文章发表于顶级期刊《美国经济评论》，或许是因为他们第一次从理论上尝试解释这个谜一样的“年金之谜”，之后的研究如雨后春笋般涌现。在数理模型上，引进的新变量包括产品种类、违约风险、替代品、行为偏差、不确定健康成本、总死亡风险等（Milevsky，2005；Babbel 和 Merrill，2006；Lopes 和 Michaelides，2007；Davidoff，2008；Agnew

① 菲歇尔．利息理论［M］．陈彪如，译．上海：上海人民出版社，1999.

等，2008；Brown 等，2008；Turra 和 Mitchell，2008；Schulze 和 Post，2010；等等）。在实证模型上，检验的新因素包括可获得性、经营成本、退保、不确定的健康成本等（Gupta 和 Li，2007；Purcal 和 Piggott，2008；Horneff、Maurer 和 Stamos，2008；Pang 和 Warshawsky，2010）。需要指出的是，上述的研究依然没有超出 Yaari（1965）的框架，即年金的单一购买与生命周期消费期望效用最大化之间的关系。

然而，在现实世界中，人们很难如此有远见地实现生命周期消费。Yaari（1965）框架下的一些条件（非饱和假定、无限借款等）在现实中也很难满足。人们往往会把包括年金在内的养老保险产品与银行储蓄、国债等固定收入证券以及股票等金融风险资产加以比较，并做行为决策。

事实上，Davidoff、Brown 和 Diamond（2005）文章的另一个特色在于，他们将年金与一年期银行存单（Certificate of Deposit）做了比较，开始尝试比较包括年金在内的两种不同金融产品的效用问题，这与 Borch（1977）提到的“人寿保险应在最优的投资组合理论中应占一席之位”[①] 的思考如出一辙。众所周知，投资组合理论（Portfolio Theory）研究的是个人金融资产的有效配置问题，由一位诺贝尔经济学奖获得者 Markowitz 于 1952 年首次提出。另一位诺贝尔经济学奖获得者 Merton（1973）扩展了投资组合理论，尝试研究不确定下跨期的最优投资组合理论（最优金融资产配置）。他们研究的一个重要区别在于，传统投资组合理论的研究基于财富效用的最大化，而 Merton 的研究更强调跨期消费效用的最大化。

在金融资产配置的视角下，Horneff 等（2008）开始将年金需求与退休资产的配置联系起来，Horneff、Maurer 和 Rogalla（2010）的研究则聚焦于延期年金。特别需要指出的是，D' albis 和 Thibault（2010）尝试在财富效用最大化框架下考察利率风险资产和生命风险资产这两类金融资产配置问题。

由于中国保险业还不发达，尽管“年金之谜”现象在中国的实践中

① 博尔奇．保险经济学［M］．庹国柱，等译．北京：商务印书馆，1999.

更加突出，但学者们的研究焦点目前主要集中于保险资产而非养老保险资产在家庭金融资产中的配置问题。例如，魏华林和杨霞（2007）指出，保险功能的认识偏差，保险行业的信度不高，保险产品的重复供给等导致中国家庭不愿买、不敢买、买不到其想买的保险商品，可以用来解释保险在家庭金融资产中占比较低的原因。

更多的国内研究集中于包括保险在内的家庭金融资产配置的实证研究方面。史代敏和宋艳（2005）选取年龄、财富规模、户主性别、家庭责任、户主受教育程度、家庭资产规模、获得金融服务的便利性等几类居民家庭金融资产购买的影响因素，采用 Tobit 模型研究了它们对家庭金融资产总量和结构的影响，发现户主具有不同教育背景的居民家庭购买储蓄性保险的数量无显著差异，收入来源较不稳定的自营业主家庭也没有更多地投资储蓄性保险。同时，储蓄性保险保单缺乏吸引力有可能造成居民对保险的认同感较低。孔丹凤和吉野直行（2010）利用中国人民银行于 1992 年开始发布的资金流量金融表中的住户部门流量金融资产年度数据，从宏观的金融资产选择视角对中国家庭部门流量金融资产配置的特点和影响因素进行了研究，发现中国家庭部门的金融资产选择行为具有对收入和部分金融资产风险敏感，但对各类金融资产收益不敏感的特点。其中，保险资产与收入高度正相关；存款风险越大，居民持有的保险资产数额越低；保险资产与国债风险呈正相关关系。卢家昌和顾金宏（2010）基于问卷调查数据，对家庭参与金融市场的动机及影响因素展开实证研究，探讨了各影响因素对储蓄、债券、银行理财产品等货币类投资，股票、基金等证券类投资以及保险等保障类投资共三类家庭金融资产选择行为的影响，结果发现保障类投资的“财富效应”十分微弱，即经济状况的改变仅仅增加了其投资概率，但对参与深度的影响并不明显。

第三节　主要研究思路

本书将养老保险的购买动机分为保障动机、储蓄动机和投资动机三大动机，并建立了储蓄动机与消费型金融资产配置理论、投资动机与财富型金融资产配置理论之间的桥梁。本书回顾了消费型养老保险最优购买研究的理论变迁，建立了基于财富效用最大化视角下的财富型养老保险最优购买模型，继而考察了产品“三率”、税收政策与最优购买量之间的理论关系。本书还分别依据 OECD 国家的面板数据和美国的时间序列数据对养老保险购买进行了实证检验。最后，结合中国养老保险购买实践，本书提出了推动养老保险购买的具体措施。本书的主要研究框架见图 1–3。

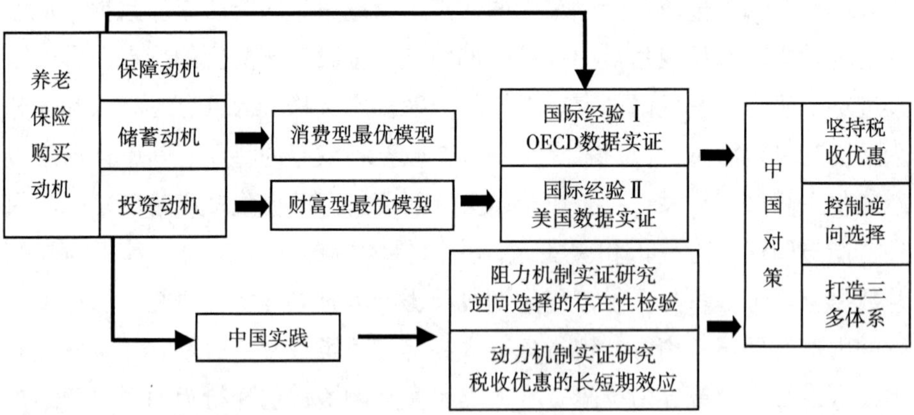

图 1–3　本书的主要研究框架

第四节　主要结论和创新之处

第一，养老保险的购买动机包括保障动机、储蓄动机和投资动机。就保障动机而言，人们购买养老保险可以避免未来的老年生活质量下降；就储蓄动机而言，人们购买养老保险可以实现更长生命周期的最优消费；就投资动机而言，人们购买养老保险可以获取生者利。

第二，养老保险最优购买模型包括消费型模型和财富型模型。消费型模型与消费型金融资产配置理论有着密切联系，目标是实现生命周期的最优消费，源自 Yaari（1965）的研究，结论是人们会选择储蓄完全年金化。财富型模型的构建来自财富型金融资产配置理论的思想，目标是追求财富效用的最大化，结论是人们不会选择储蓄完全年金化。依据财富型模型，本书还推导了产品“三率”、政策支持与最优养老保险购买的关系。结果表明，除了死亡率可能与养老保险购买呈正向关系这一涉及投资动机的特别结论，其他结论与人们的日常判断一致。

第三，养老保险购买的三大动机能够接受实践检验。无论是 OECD20 国的面板数据，还是美国的时间序列数据，实证结果都支持我们的结论。除了税收优惠能够提升养老保险购买这一常见说法，实证结果还支持一个特别结论：生存率与养老保险购买呈反向关系。

第四，中国养老保险业务的发展阶段可以分为恢复期、爬坡期和增长期三个阶段。推动中国商业养老保险发展，从政策层面看，要尽快推出税收递延优惠政策；从供给层面看，要加快建立融合多动机、提供多服务、涵盖多产品的“三多”养老保险产品和服务体系。

本书的主要创新之处包括以下四点：

第一，引申了养老保险购买的三大动机：保障动机、储蓄动机和投资动机，并使用 OECD 面板名义数据和美国时间序列实际数据进行了实证检验。

第二，构建了不同情景下的财富型养老保险最优购买模型，结论表明储蓄完全年金化不是人们的最优选择，从而解释了“年金之谜”。模型还证明了一个特别结论：从投资动机看，死亡率（生存率）与养老保险购买呈正向（反向）关系。该结论还得到了实证研究结果的支持。

第三，首次证实了中国商业养老保险市场中存在着明显的逆向选择。异质性分析结果显示，中年群体中的逆向选择问题比老年群体严重；城镇人口比农村人口严重；收入较高者比收入较低者严重。

第四，建立了税收优惠影响商业养老保险购买的长期和短期决定模型，实证结果表明，税收优惠政策对于商业养老保险的激励效应在长期内呈现显著的杠杆正效应，但在短期内是不显著的，从而解释了税收递延型商业养老保险当前“叫好不叫座”的现状。

第五节　不足之处

本书的不足之处主要包括以下三点：

一是模型假设过于严格。财富型养老保险最优购买模型的假设过于严格，今后的延续研究需要逐渐放松假设条件，以更加接近现实世界。

二是变量选取存在争议。在涉及 OECD 国家养老保险购买动机的实证检验中，选择老年人口数量作为投资动机变量可能会引起质疑。尽管文章对此做了解释和说明，但仍缺乏明确的规范证明过程。

三是国内数据尚有欠缺。由于可获得的年度数据量不足，文章没有使用国内数据进行更多的计量实证检验，还需要进一步深化研究手段，尝试进行国内养老保险购买动机的实证检验。

第二章

养老保险购买的三大动机

一百多年前，当人们对保险几乎一无所知的时候，“燕梳”这一先哲创造性的译名进入了民族有识之士的视野，一个象征吉祥的可爱名字。一百多年后，当人们对保险有着诸多误解的时候，“保险，让生活更美好”这一行业理想化的广告片登上了中国最大传媒的舞台，一幅幸福生活的美好图画。

尽管国家的权威文件①早已明确指出“保险具有经济补偿、资金融通和社会管理功能，是市场经济条件下风险管理的基本手段”，但保险在经济发展、社会安定、人们生活中所发挥的作用还远远不够。就人身保险而言，业内公认最能发挥保险作用的险种包括两大类，一类是健康保险，另一类就是养老保险。在市场经济中，理性的需求方当然会逐“利”而为，养老保险消费者也不能例外。只有养老保险购买者获得了寻求的“利”，养老保险的作用才能真实、真正发挥，人们的生活才能“更美好”。然而，中国保险实践中的养老保险之“利”② 并未吸引人们足够多的目光，重新审视养老保险的购买动机，或许有着不一样的结论。

第一节　养老保险购买的保障动机

从保险理论看，探讨保险的购买动机就是探讨保险需求。目前，涉及保险需求的保险理论主要包括两方面，一是保险性质说，主要是定性研究保险需求，二是保险需求理论③，主要是定量研究保险需求。尽管保险性质说和保险需求理论都没有针对养老保险单类产品的需求进行详尽的研究，但两者的研究结论都有着养老保险购买动机的影子。

---

① 《国务院关于保险业改革发展的若干意见》，2006 年 6 月由国务院颁布，简称“国十条”。

② 实践中，人们推销养老保险产品的“利”大多集中为两类：产品的名义回报率和产品的多保障组合。然而，上述两“利”与教科书中的保险需求理论有着不小的差异。

③ 李毅．保险需求理论的演进［D］．武汉：武汉大学，2005.

一、教科书涉及养老保险界定的延伸

尽管养老保险是耳濡目染的业务种类，但在海内外权威教科书很难见到对养老保险的详细分门别类。美国的权威教科书将人寿保险分为定期寿险、生死两全保险、终身寿险三种类型①，并且将年金与人寿保险并列②。中国台湾地区的权威教科书③将最普通的人寿保险分为死亡保险（包括定期与终身）、纯粹生险（年金）以及生死合险三种；中国内地的权威教科书④也将人寿保险分为死亡保险、生存保险和生死合险。很明显，养老保险属于生存保险的范畴，与年金保险有着极大的关联性。

借鉴权威教科书的保险分类标准，养老保险按实施方式不同也可以分为社会养老保险和商业养老保险。在中国内地，社会养老保险主要包括三类⑤：城镇职工基本养老保险（简称“职保”）、城镇居民基本养老保险（简称“城居保”）和新型农村社会养老保险（简称“新农保”），而商业养老保险主要由商业保险公司⑥提供。既然社会养老保险采取强制手段，那么本书所指的养老保险购买问题仅涉及商业养老保险。

需要强调的是，本书提到的商业养老保险与 2008 年 1 月 1 日正式施行的《保险公司养老保险业务管理办法》（以下简称《办法》）对于养老保险业务的界定有所区别。《办法》规定的养老保险业务包括个人养老年金保险业务、团体养老年金保险业务和企业年金管理业务。在上述三类业务中，团体养老年金保险业务和企业年金业务的购买方大多是企事业单位和机关团体，它们的购买动机与个人有着很大的不同。因此，本书研究的

---

① 肯尼斯·布莱克，哈罗德·斯基博．人寿与健康保险（第十三版）[M]．孙祁祥，郑伟，等译．北京：经济科学出版社，2003.

② 同脚注①。

③ 袁宗蔚．保险学——危险与保险（增订三十四版）[M]．北京：首都经济贸易大学出版社，2000.

④ 魏华林，林宝清．保险学（第三版）[M]．北京：高等教育出版社，2011.

⑤ 由于军队的特殊性，未含军人养老保险。2011 年 10 月修订后的《中华人民共和国兵役法》正式颁布，其中的第五十三条第四款对军人保险做了明确规定。

⑥ 20 世纪 80 年代末 90 年代初，在全民办金融的热潮中，中华全国总工会于 1993 年创办了中国职工保险互助会，在工会系统举办互助保险。经过 20 年左右的探索，有些省市业务陷入困境，部分省市业务延续至今。

养老保险更多的是指《办法》提到的个人养老年金业务。

但是，在中国内地的保险实践中，纯粹的养老保险产品并不多见。在售的养老保险产品大都是两全保险产品，甚至还涵盖人身意外伤害保险、健康保险乃至其他金融和养老服务。基于此，我们可以将养老保险产品分为两类：一类是纯粹型养老保险产品，仅仅提供养老保障服务；另一类是复合型养老保险产品，提供养老保障与其他保障的综合服务。

二、养老保险与保险性质说

关于保险的性质，人们从不同的角度有着不同的看法，学者们将各种说法归纳为“三大流派十七说”①。目前，中外保险理论界大都支持“损失说”，即以损失补偿的概念来阐明保险的性质。具体而言，国内保险学界的主流支持“损失分担说”②，认为保险是集合具有同类危险的众多单位或个人，以合理计算分担金的形式，实现对少数成员因该危险事故所致经济损失的补偿行为。美国的保险学者③一直认可“风险转移说”，即保险是人们进行风险转移的机制或者制度。

无论是损失分担说还是风险转移说，我们都需要清晰界定养老保险能够补偿或者转移的“经济损失”。或许有人会发出疑问：人活得越久越好，何来损失？其实，解答这个困惑并不困难。顾名思义，养老保险是保障养老的保险。随着人们的年龄增长到一定阶段或者退休后，经济状况会出现“一减一增”而带来经济损失。

“一减”是指强制退休制度的实施或者工作能力的下降造成的经济收入减少。2001—2019 年，城镇职工平均工资从 10834 元增长到 90501 元，年均名义增长率 12.52%；同期城镇职工基本养老保险人均养老金从 6866 元上升到 39989 元，年均名义增长率仅为 10.28%，明显低于未退休人员的收入增长水平（见图 2-1）。如果考察社会养老金工资替代率④指

① 魏华林．论人类对保险功能的认识及其变迁［J］．保险研究，2004（2）．

② 魏华林，林宝清．保险学（第三版）［M］．北京：高等教育出版社，2011．作者也将普通型人寿保险分为定期寿险、终身寿险、两全保险和年金保险。

③ 美国保险教育之父——休伯纳也是风险转移说的代表人物之一。

④ 社会养老金工资替代率=城镇职工人均基本养老金/城镇职工平均工资。

标，计算发现 2001—2019 年该指标不断下降[①]，从 2001 年的 63. 38%下降到 2012 年的 44. 19%；从 2007 年开始，中国城镇职工退休后的养老金工资替代率一直低于 50%，“减”效应明显（见图 2-1）。

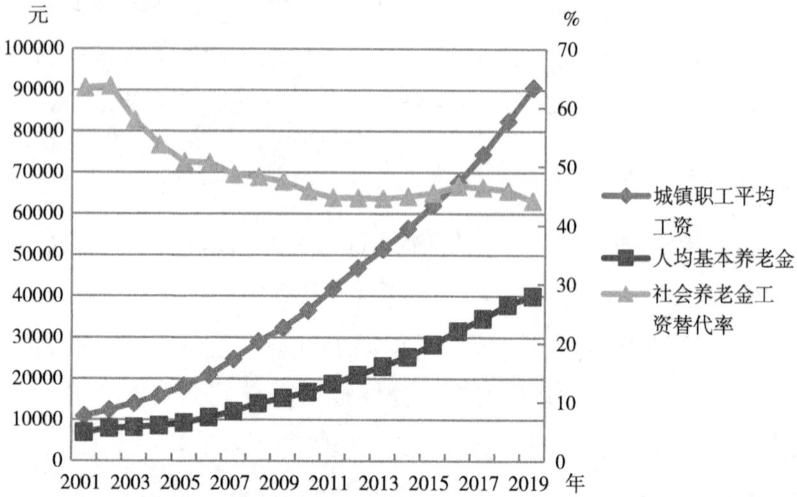

图 2-1　城镇居民退休前后收入对比（2001—2019 年）

（资料来源：《中国统计年鉴 2002—2020》）

“一增”是指走下坡路的人体机能带来的健康维护、日常照料等生活成本的增加。2001—2019 年，从人均健康支出指标——医疗保健消费性支出[②]看，从 343. 28 元增长到 2283 元，增长了 565. 05%，年均名义增长率为 11. 10%（见图 2-2）；从总健康支出指标——居民个人卫生支出总费用[③]看，从 3014 亿元增长到 18674 亿元，增长了约 520. 58%，年均名义增长率为 10. 66%（见图 2-3）。21 世纪以来，中国健康成本支出年均名义增长率超过 10%，老年人的生活成本连续上升，“增”效果不断显现。

① 2002 年略微上升。

② 由于缺乏退休人员健康支出的统计数据，这里依据总量数据。

③ 同脚注②。

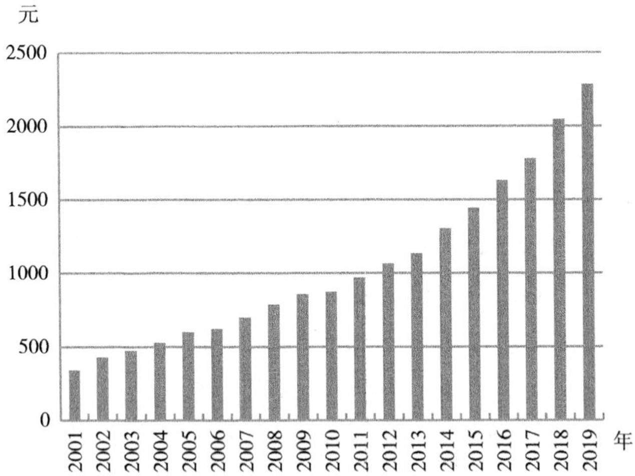

图 2-2 城镇人均医疗保健消费性支出（2001—2019 年）

（资料来源：《中国统计年鉴 2002—2020》）

养老保险作为一种保险安排，正是通过约定的养老金给付，来缓解甚至消除“一减一增”给老年人带来的生活窘境，从而实现了因年老所致经济损失的补偿或者转移。

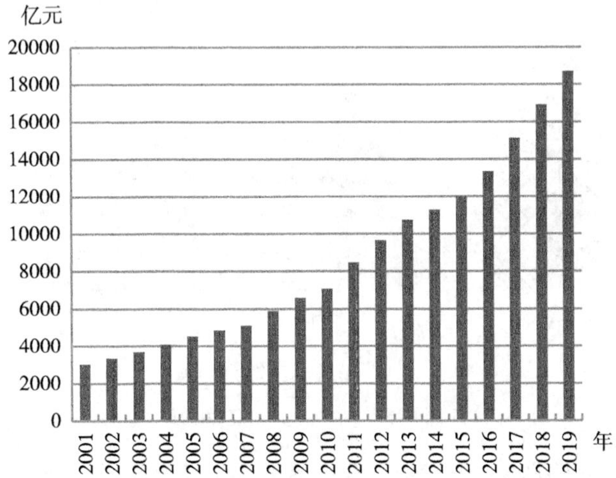

图 2-3 居民个人卫生支出总费用（2001—2019 年）

（资料来源：《中国统计年鉴 2002—2020》）

三、长寿风险与养老保险保障

养老保险能够应对人们年老带来的“一减一增”问题似乎已经完整地解释了养老保险购买的保障动机，但事实并非如此。对于购买者而言，保险给付金是“收益”，对应的“支出”是“保险费”，如果很高的支出仅对应很低的收益，那么这种安排对人们而言很难称得上有购买动机。也就是说，养老保险这种制度安排需要使需求方获“利”。

无风险，无保险。寻找养老保险的真正保障动机首先得明晰养老保险保障的具体风险。庆幸的是，这种风险不仅存在，而且越来越影响着人们的日常生活。它的名字叫“长寿风险”。具体讲，长寿风险是指生命超出预期寿命而造成人们损失①的风险。如今，国人的预期寿命越来越长，25年间人们的预期寿命增长了7.79岁（见图2-4），长寿风险也越来越高。

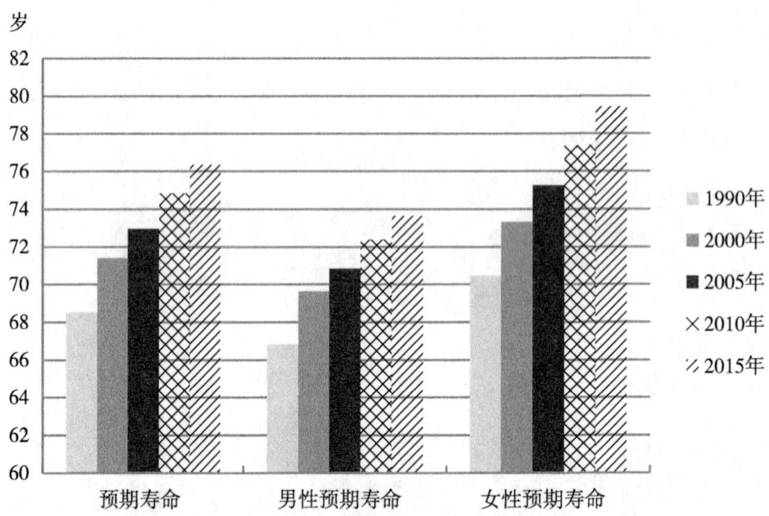

图2-4　中国居民预期寿命变化

（资料来源：《中国统计年鉴2020》）

何为养老保险购买的保障动机，答案不言而喻，即人们通过购买养老

① 这种损失表现为人们未来现金流收入的减少或者现金流支出的增加而带来的经济价值的减少。

保险减少长寿风险造成的损失，保障未来的老年生活不因长寿风险而质量下降。对养老保险的购买者而言，如果未来生命超出了预期寿命，借助养老保险可以因获得超出预期寿命年份的保险金给付而获“利”。

第二节 养老保险购买的储蓄动机

养老保险购买的储蓄动机研究可以追溯到著名经济学家阿尔弗雷德·马歇尔，他在经典著作《经济学原理》中指出，“在英国，每年就有2000万英镑以保险单的形式储蓄起来，而且只有在储蓄的人死后才能动用。”[①]虽然马歇尔提到的“保险单”并不是指养老保险，但既然人们购买死亡保险产品[②]都可以归于“家庭情感的”储蓄，那么养老保险的购买动机涉及储蓄也就不足为奇。

如今，养老保险购买的储蓄动机仍然是人寿保险需求理论的研究热点。1965 年，人寿保险需求理论的开创者——梅纳赫姆·雅瑞（Yaari，M. E.）结合马歇尔的思想和生命周期理论，开创了养老保险购买储蓄动机的研究先河。

一、生命周期消费与储蓄

“人们为什么储蓄”一直是宏观经济学的重要研究领域。在各流派的储蓄理论中，诺贝尔经济学获得者、美国著名经济学家弗兰科·莫迪利安尼（Franco Modigliani）于 1954 年提出的生命周期消费理论对于人们长期储蓄的解释获得了更广泛的支持。

该理论认为，人们会在更长时间范围内规划他们的生活消费开支，以实现整个生命周期内消费的最佳配置。一般来说，年轻人收入偏低，这时

① 马歇尔．经济学原理（上卷）［M］．朱志泰，译．北京：商务印书馆，1981.

② 有关死亡保险购买动机的理论模型研究也可以参见诺贝尔经济学奖获得者、著名经济学家克里斯托弗·皮萨里季斯（1980）发表于 *Economica* 的 *The Wealth-age Relation with Life Insurance* 一文。

的收入会低于或者略高于消费，随着年龄的增长，收入逐渐增加，这时收入会大于消费，除了偿付年轻时的债务，还可以进行储蓄，以保证退休后消费水平不会下降。

图 2-5 可以用来说明生命周期消费理论的基本原理。在图 2-5 中，横轴表示年龄，纵轴表示收入或消费，y_c 表示人们的收入，C_C 为常数表示人们的生命周期最佳消费，T 表示死亡年龄，R 表示退休年龄。观察图 2-5，在年轻阶段，人们的收入一般会小于消费，人们可能会借债消费；随着年龄的增长，收入逐渐增加开始大于消费，收入高于消费的部分可以进行储蓄；退休前积累的储蓄刚好够支付退休后的消费，为图中的阴影部分。具体讲，用数学语言表达就是 $\int_0^R (y_c - C_C)f(t) = \int_R^T C_C f(t)$，等式的左边表示退休时的储蓄，右边表示退休后的消费。

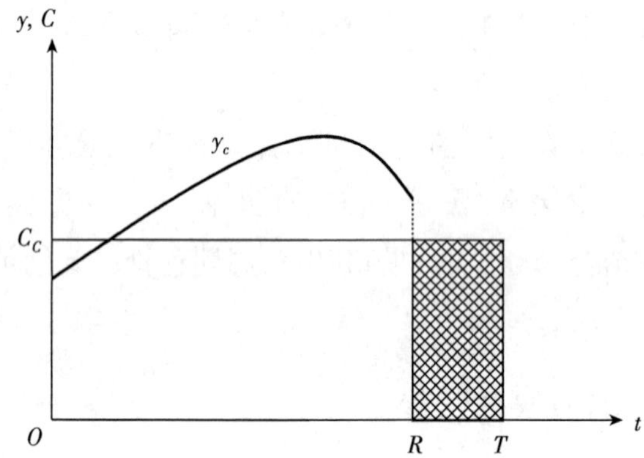

图 2-5　生命周期消费理论中的消费和储蓄

二、养老保险购买与生命周期消费

最开始的生命周期消费理论分析框架并没有考虑人们生命风险的不确定性，如果人们的寿命超过预期寿命 T，就会面临着生命周期消费水平难以维持的困难。1965 年，以色列著名经济学家梅纳赫姆 · 雅瑞在《经济研究评论》上发表了《寿命不确定性、人寿保险和消费者理论》的经典论文，在生命周期消费理论的框架下创造性地回答了这一问题。雅瑞指出，通过购买年金产品①，人们可以减轻寿命不确定性对生命周期消费的影响，从而实现生命周期消费效用最大化，那么这种不确定性会影响到人们的消费行为。

我们用图 2-6 来说明雅瑞揭示的生命周期消费框架中的养老保险机理。如果人们的生命超过了预期寿命，即生存到 T_0，超出预期寿命 $T_0 - T$。这时，人们会面临着储蓄和消费的缺口 $\int_0^{T_0}(y_c - C_C)f(t) = \int_T^{T_0}C_Cf(t)$，即图 2-6 中的阴影部分。如果人们退休前购买养老保险，那么可以更好地解决退休后长寿风险所带来的经济窘境。

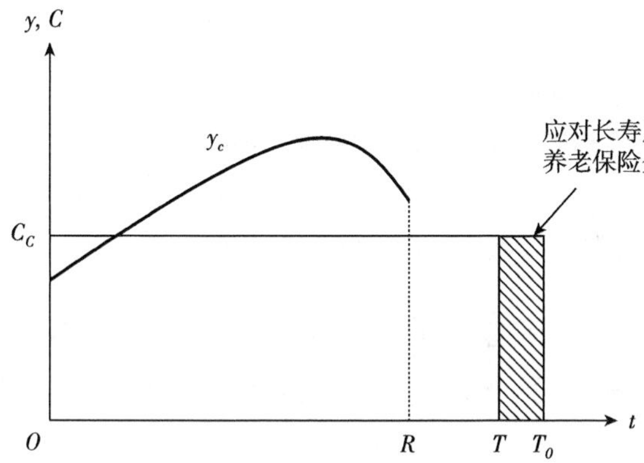

图 2-6 生命周期消费框架下的消费、储蓄和养老保险

按照雅瑞的研究结论，传统的储蓄方式应对的是确定性寿命下的生命周期消费，而无法面对不确定性寿命带来的消费支出变化。如果人们选择购买年金这一储蓄方式，可以更好地应对寿命的不确定性。很明显，在生命周期消费的框架下，人们购买养老保险等年金类产品的目的是储蓄，是为了未来更好和更确定地保证消费水平不因长寿风险而下降。

需要指出，作为储蓄手段的养老保险既包括社会养老保险，也包括商业养老保险。由于社会养老保险基本的政策初衷，决定了它在储蓄中的比例不应该很高（见图 2-7）。此外，由于社会养老保险有着强制性的特

① 可以理解为养老保险。

点，它的缴费不是也不应该是市场问题，这也是本书研究养老保险购买主要涉及商业养老保险的重要原因。

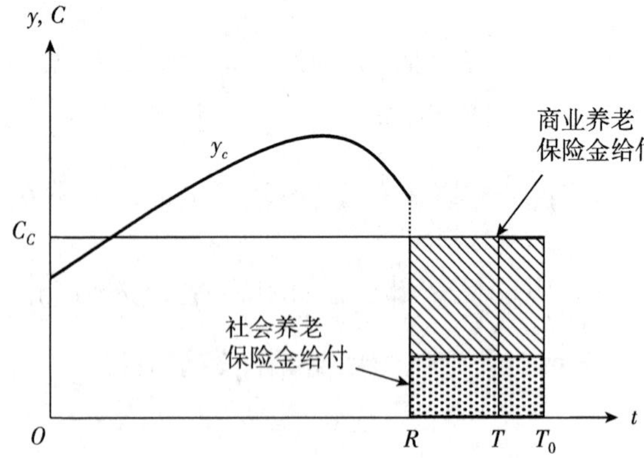

注：假定储蓄全部采用保险方式。

图 2–7 生命周期消费框架下的社会养老保险和商业养老保险

三、“年金之谜”与养老保险购买

雅瑞的论文实际上还隐含了一个结论，即为了实现消费效用最大化，人们会把储蓄全部用于购买年金，或者说，人们会选择储蓄完全年金化（Davidoff、Brown 和 Diamond，2005）。但是，现实社会中人们并没有大量购买年金产品，该现象不符合雅瑞的隐含结论，此悖论最早由 Friedman 和 Warshawsky（1990）发现并被其命名为“年金之谜”。

中国的情况有过之而无不及。2001—2019 年，中国居民银行储蓄年增加额从 9430 亿元增长到约 96857 亿元，增长了 927. 12%，年均名义增长率约 13. 82%；2008 年以来，几乎每年的年均增加额均接近或超过 4 万亿元，2019 年更超过 9 万亿元（见图 2–8）。而就最典型的养老保险产品——个人年金而言，2019 年保费收入不到 1500 亿元，约为居民银行储蓄增加额的 1. 5%，比例非常小。

实际上，回答“年金之谜”就是要寻找以养老保险为代表的年金资产在人们储蓄资产中的最优配置比例。答案至少应该涉及两个研究领域，一是人们储蓄动机的研究。除了实现最优生命周期消费，人们进行储蓄是否还有其他的动机。如果还有其他的动机，那么储蓄完全年金化必然值得商榷。二是年金资产在储蓄中的最优比例。由于生命周期消费理论在宏观经济学中的基础地位，学者们大多认可长期储蓄的动机是实现生命周期的最优消费，也使对“年金之谜”的解释主要集中在后一个研究领域。

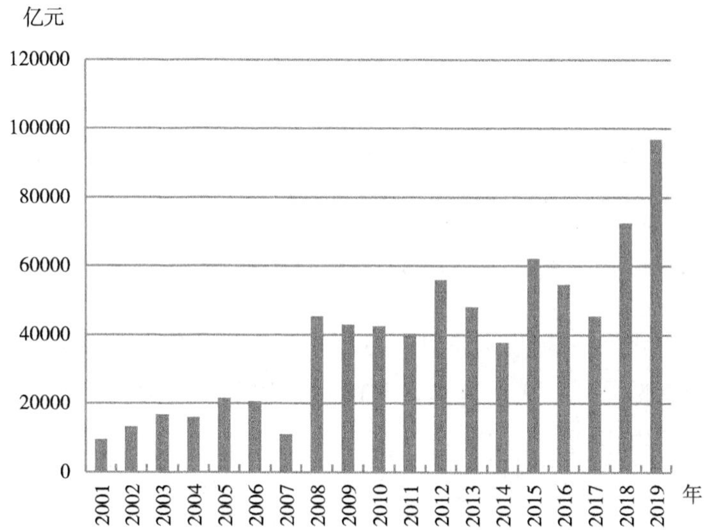

注：2015 年以后的数据为住户存款。

图 2-8　城乡居民储蓄存款年增加额（2001—2019 年）

（资料来源：《中国统计年鉴 2002—2015》和中国人民银行）

然而，现实却未必如此。即使在美国，金融市场上养老基金和货币基金的飞速膨胀也表明人们的资产并不只有消费这一唯一途径，而年金产品中变额年金规模的日益激增也说明养老保险储蓄动机之外还有着其他的购买缘由。

第三节　养老保险购买的投资动机

养老保险是可供人们选择的一种投资工具①，这种说法尽管常常在实践中被提及，甚至被作为营销寿险产品的一个卖点②，但很少被标准教科书中的保险理论所引用。实际上，保险是投资工具的观点不仅已被保险学者们③所认可，在实践中的运用历史也可以追溯到几百年前。

一、养老保险是一种特殊的或有风险资产

养老保险作为一种投资工具，可以给人们带来额外的收益，而这种收益源自生者利④。如果人们自信自己能够活的更久，那么就可以从养老保险中获得更多的回报。

依据中国人寿保险业经验生命表（2000—2003 年）（CL1）⑤ 的数据，在 100 万人男性人群中，18 周岁的生存人数为 993046 人，60 周岁的生存人数为 900107 人。如果满 18 周岁的生存人都参加趸交 1 万元的满 60 周岁一次性给付的养老保险，如果不考虑预定利率和附加费用率⑥，那么生存人缴纳的保险费共 993046×1＝993046（万元），满 60 周岁的生存人获得的保险给付金为 993046/900107≈1. 103253（万元）。这时，每位生存人获得的生者利为 11032. 53－10000＝1032. 53（元）。相应地，18 至 59 周

---

① 保险实践中更多的是使用理财工具的说法。

② 当然，实践中的卖点大多强调保险专家理财的好处，该好处源自保险公司投资业务的收益，在某种意义上取决于投资业务而非保险业务的绩效。这也是保险教科书很少涉及保险购买投资动机的一个缘由。

③ 克里斯蒂安·戈利耶．风险和时间经济学［M］．徐卫宇，译．北京：中信出版社，2003.

④ 在购买生存寿险的人群中，会有一些人提前死亡，生存人群从死亡人群缴纳保费中所获得的收益被称作生者利。

⑤ 计算使用的是非养老金业务（CL1）表，而没有使用养老金业务（CL3）表，以排除现有养老保险业务中预期长寿人群投保时的逆向选择。

⑥ 当然也没有考虑中国寿险产品设计实践中常常使用的风险边际率。

岁男性参加养老保险能够获取的生者利见表 2-1。

表 2-1 生者利的计算

年龄	生者利（元）	生者利（%）	年龄	生者利（元）	生者利（%）	年龄	生者利（元）	生者利（%）
18	1032.526	0.103253	32	919.2568	0.091926	46	677.3277	0.067733
19	1026.866	0.102687	33	908.4031	0.09084	47	649.62	0.064962
20	1020.559	0.102056	34	896.8947	0.089689	48	619.7478	0.061975
21	1013.715	0.101372	35	884.6793	0.088468	49	587.4426	0.058744
22	1006.435	0.100643	36	871.683	0.087168	50	552.5146	0.055251
23	998.8185	0.099882	37	857.8216	0.085782	51	514.8421	0.051484
24	990.9433	0.099094	38	842.9789	0.084298	52	474.3915	0.047439
25	982.832	0.098283	39	827.0181	0.082702	53	431.1113	0.043111
26	974.496	0.09745	40	809.8139	0.080981	54	384.8598	0.038486
27	965.9469	0.096595	41	791.2751	0.079128	55	335.2409	0.033524
28	957.229	0.095723	42	771.3652	0.077137	56	281.4667	0.028147
29	948.2988	0.09483	43	750.0594	0.075006	57	222.4099	0.022241
30	939.0804	0.093908	44	727.3446	0.072734	58	156.7105	0.015671
31	929.443	0.092944	45	703.1544	0.070315	59	82.97278	0.008297

注：本表计算依据中国人寿保险业经验生命表（2000—2003 年）（CL1）；交费方式为趸交 10000 元；给付方式为 60 周岁一次性给付；不考虑预定利率和附加费率。

但是，在年满 18 周岁的 993046 人中有 92939 人未能活到 60 周岁。也就是说，人们购买养老保险获取的生者利不是确定能够获得的，年满 18 周岁的生存人无法获得生者利的概率大约为 9.36%（92939/993046）。所以说，养老保险是一种特殊的或有风险资产。

此外，如果经营养老保险的保险公司投资业务出色，能够为被保险人提供更高的预定利率回报或者更多的利差益分红，也可以视作吸引人们购买养老保险的投资动机①。

① 养老保险预定利率高，对人们者而言有购买需要，这是显而易见的事情。但是，本书的研究领域主要限于承保业务，除非另有说明，大多假定养老保险产品的预定利率为无风险资产利率或者固定证券收益率，既不考虑保险公司投资业务差异化绩效带来的预定利率差异，也不考虑养老保险产品实际运营中产生的利差益或者利差损。

二、生者利与佟蒂式机制的兴衰

最早将生者利引入实践的是意大利人洛伦佐·佟蒂（Lorenzo Tonti），后人也将类似的机制称作佟蒂式（Tontines）。

1689年，法国国王路易十四按照佟蒂的建议发行佟蒂年金（Tontines Annuity）式的公债为政府募集资金。该公债并不返还购买者本金，每年利息仅对各年的生存者分配，一个人活的越久所获得的年金利息就越多。这一机制在18世纪经常被西欧各国运用于财政筹资，但由于对死亡者歧视的道德争议而逐渐淡出历史。

由于生者利与人寿保险的天然联系，佟蒂式机制在19世纪中后期的美国寿险市场大行其道三十余年。1868年，公平人寿第一次在美国市场上推出佟蒂式寿险（Tontines Insurance）。在佟蒂式保险产品设计中，缴纳的保险费分为两部分，一部分用于普通终身寿险保障，另一部分进入保险公司管理的投资基金；保单持有人拥有的投资收益和分红同样进入该基金，并且在保险期限内通常不进行分配；佟蒂式保险的全部分红和盈余将于保单到期日在生存的保单持有人中进行分配；如果保单持有人在保险期间内死亡，受益人仅能获得指定的死亡保障，而不参与该基金的分红和盈余。与法国的佟蒂年金相比，美国的佟蒂式保险仍然把生者利作为满足需求者的产品设计核心，此外还考虑到人们的死亡保障和保险资金投资收益回报。

从佟蒂式保险问世直到20世纪初，佟蒂式保险逐渐成为美国规模遥遥领先的人寿保险产品，到1905年已经占到整个人寿保险业务规模的2/3。然而，佟蒂式保险仍然没有解决佟蒂年金对购买者在保险期限内死亡的歧视，再加上投资基金运作的不透明以及产品销售时的误导，佟蒂式保险引发了社会的广泛质疑并导致寿险业危机。因此，1905年的阿姆斯特朗调查开始禁止佟蒂式保险的销售①。

① 调查后的纽约州改革规定寿险公司只能销售四种保单：普通终身寿险（Ordinary Life）、限期缴费终身寿险（Limited-payment Life）、两全保险（Endowment Insurance）和定期寿险（Term Insurance）。

从法国的佟蒂式年金筹款到美国的佟蒂式保险热卖，都反映了养老保险购买者对生者利的逐利需要；而两者引发的风波也表明设计者高估了生者利的收益——生者本利全得，低估了生者利的风险——亡者一无所获。生者利的历史实践不仅印证了养老保险的风险资产特点，而且给保险业界呈现了另一个事实：仅仅依靠生者利的纯粹型养老保险产品难以长久赢得消费者的心，养老保险产品的出路在于复合型养老保险产品。

第四节　养老保险购买动机与金融资产配置

养老保险的购买动机包括保障动机、储蓄动机、投资动机，但这三大动机之间不仅不是割裂或者分立的关系，反而有着密切甚至统一的关系。既然保险业作为金融业的重要支柱，那么养老保险的购买动机与金融资产配置或者金融投资组合选择间也有着天然的联系。

一、养老保险购买三大动机的统一

前文已提到，理性的养老保险购买者会逐“利”而为，养老保险的购买动机源自养老保险能够提供给购买者的“利”，养老保险的保障动机、储蓄动机、投资动机背后都有人们购买养老保险而获“利”的影子。就保障动机而言，人们购买养老保险可以避免未来的老年生活质量下降；就储蓄动机而言，人们购买养老保险可以实现更长生命周期的最优消费；就投资动机而言，人们购买养老保险可以获取生者利。

养老保险应对的风险是长寿风险，从风险视角进一步研究三大动机之间的关系，还会得到其他重要的结论。如果人们没有购买养老保险，一旦寿命超过预期，长寿风险将会带来损失，从保障视角看为保障缺乏，从储蓄视角看为储蓄殆尽，从投资视角看面临投资不足①。如果人们购买养老

① 生者利也可以视作投资的机会成本。

保险，长寿风险的“风险”将带来“收益”，从保障视角看为获得长寿保障，从储蓄视角看为获得长寿给付，从投资视角看为获得生者利（见图 2-9）。因此，养老保险三大动机之间是统一的。

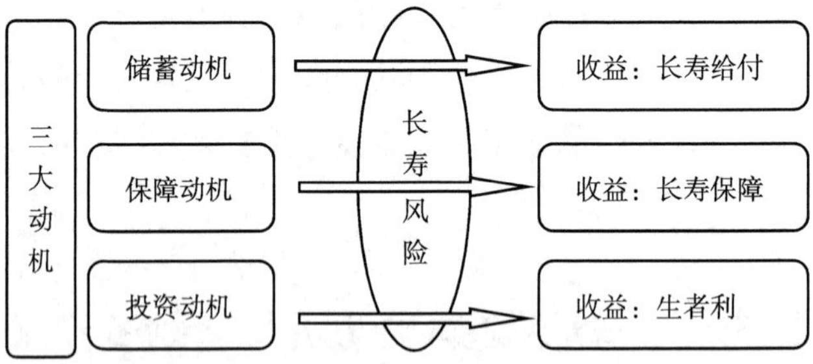

图 2-9　养老保险购买三大动机的关系

二、储蓄动机、投资动机与金融资产配置

养老保险储蓄动机的一个理论观点是储蓄的完全年金化，而投资动机更是为了追求生者利视角下的更高投资回报。很明显，储蓄动机、投资动机与人们的金融资产选择或者投资组合选择有着一定的关系，考察上述两个动机离不开金融资产配置理论所提供的框架。

（一）财富型金融资产配置理论与消费型金融资产配置理论

众所周知，投资组合理论（Portfolio Theory）研究的是个人金融资产的有效配置问题，由诺贝尔经济学奖获得者、美国著名经济学家哈里·马柯维茨（Harry M. Markowitz）于 1952 年首次提出。另一位诺贝尔经济学奖获得者、美国著名经济学家罗伯特·C. 默顿（Robert C. Merton）于 1969—1973 年发表的数篇经典文献扩展了投资组合理论，尝试研究不确定下的跨期的最优投资组合理论①。他们研究的一个重要区别在于，传统投资组合理论的研究基于财富效用的最大化，而 Merton 的研究不仅考虑了财富效用的最大化，而且考察了跨期消费效用的最大化。

① 也被称作跨期资本资产定价模型或者瞬时资本资产定价模型（Intertemporal Capital Asset Pricing Model，ICAPM）。

1. 财富型金融资产配置理论

马柯维茨的模型包括 $\min\delta^2(r_p)=\sum\sum w_iw_jcov(r_i,\ r_j)$ 和 $E(r_p)=\sum w_ir_i$，前式用 $\delta^2(r_p)$ 表示投资组合的总体风险，表明投资者寻求资产组合总体风险的最小化，后式用期望收益 E 衡量资产组合的收益，为投资组合中各资产预期收益的加权平均。其中，r_p 表示投资组合的收益，r_i 和 r_j 表示第 i 种和第 j 种资产的收益，w_i 和 w_j 表示第 i 种和第 j 种资产在投资组合中的权重，$\delta^2(r_p)$ 为投资组合收益的方差，$cov(r_i,\ r_j)$ 表示第 i 种和第 j 种资产之间的协方差。

投资组合理论研究的关键在于人们如何选择收益和风险组合作为最优的投资组合决策。具体的决策思路有两种：一种思路是在既定期望收益水平下追求期望风险的最小化，这也是马柯维茨模型的研究思路；另一种思路是在既定风险水平下追求期望收益的最大化。既然投资组合的期望收益源自人们所拥有的投资组合也就是财富，而人们选择最优的投资组合也就是配置合理的金融资产，那么投资组合理论的研究内容也就是考察人们如何从财富效用最大化的视角来配置金融资产。因此，本书将投资组合理论看作财富型金融资产配置理论并不为过。

2. 消费型金融资产配置理论

在默顿的模型中，他考虑了整个投资期（跨期）的效用最大化，分析思路可以表示为：$\max E\left\{\int_0^T U^k[C^k(t)]e^{-\rho^k t}dt+U^k[W^k(T)]e^{-\rho^k T}\mid\Omega_0\right\}$。其中，$U^k$ 表示投资者 k 的效用，C^k 表示投资者 k 的消费，$-\rho^k$ 表示未来效用的贴现因子。式中的第一项表示从 0 到 T 期的消费效用现值，第二项表示 T 期末的财富效用现值。

默顿的一个重大贡献在于他放松了之前金融理论单一投资期的传统假设，将投资组合与资产定价的研究拓展到连续时间的动态环境。在金融研究的许多领域，几乎都有着默顿的身影。在创建 ICAPM 的过程中，正如上文提到的研究模型所示，默顿不仅如传统投资组合理论般考虑了财富效用，而且将跨期消费效用最大化的思路引入了他的模型来考察人们最优的投资和消费组合。因此，可以将默顿的研究成果称为消费型金融资产配置理论。

（二）储蓄动机与消费型金融资产配置理论

正如前文所述，养老保险储蓄动机的研究与生命周期消费理论的成果有着极大的渊源，储蓄动机的研究出发点就是人们追求生命周期消费效用的最大化。消费型金融资产配置理论与财富型金融资产配置理论的最大区别在于前者考察了跨期消费效用的最大化。事实上，生命周期消费效用最大化与跨期消费效用最大化在本质上是一样的，区别在于前者的研究跨度是人们的整个生命周期，而后者的研究跨度为动态的一个时期，后者可以说是前者的一个截断时间。如果将默顿的研究范围拓展为人们的整个生命周期，那么不少结论是类似的，这一点也早已为默顿所尝试并认可①。

默顿和雅瑞，分别作为消费型金融资产配置理论的奠基人和养老保险储蓄动机研究的拓荒者，都在他们的研究中联系了前人生命周期消费理论的研究成果，甚至两人的研究还有交集②，因此他们研究成果之间存在着关联显然不足为奇。实际上，如果我们将人们的储蓄方式选择视作金融资产的配置，那么雅瑞基于生命周期消费效用最大化得出的储蓄完全年金化结论，显然是金融资产配置的一个具体解，即人们的最优选择是储蓄全部配置于年金资产。然而，默顿的成果也验证了投资组合理论中最重要的结论——分散化投资原理，这显然与雅瑞的成果不相一致。

因此，养老保险储蓄动机研究领域的成果还在不断深化，研究目的大多是解释雅瑞结论与实践的差异③，引入的新变量包括流动性、产品种类、违约风险、替代品、行为偏差、不确定健康成本、总死亡风险等（Davidoff、Brown 和 Diamond，2005；Milevsky，2005；Babbel 和 Merrill，2006；Lopes 和 Michaelides，2007；Davidoff，2008；Agnew 等，2008；Brown 等，2008；Turra 和 Mitchell，2008；Schulze 和 Post，2010）。需要强调的

① Merton, R. C. Optimum Consumption and Portfolio Rules in a Continuous-Time Model [J]. Journal of Economic Theory, 1971 (3): 373-413；罗伯特·C. 默顿. 连续时间金融（修订版）（上）[M]. 郭多祚，等译. 北京：中国人民大学出版社，2013.

② Cass, D., M. E. Yaari. Individual Saving, Aggregate Capital Accumulation, and Efficient Growth [M]. in K. Shell, ed., Essays on the Theory of Optimal Economic Growth, MIT Press, 1967.

③ 即年金之谜。

是，上述研究没有脱离消费效用最大化的研究视角，仍与消费型金融资产配置理论有着共同的研究基础。

（三）投资动机与财富型金融资产配置理论

财富型金融资产配置理论的一个金融资产配置标准是财富效用的最大化。如果将养老保险看作金融资产的话，那么人们在追求财富效用最大化的前提下可以将养老保险作为金融资产配置的一种选择。

资产分散化是财富型金融资产配置理论的一个重要结论。从这个角度说，养老保险作为一种金融资产，在金融资产总配置中仅占一定比例才符合分散化原理，明显不同于养老保险储蓄动机研究领域的“储蓄完全年金化”结论。实际上，Horneff 等（2008）以及 D’albis 和 Thibault（2010）已经从金融资产配置的视角对“年金之谜”的原因作出了尝试性解释。

对于熟悉投资组合理论或者财富型金融资产配置理论的人们而言，会产生一个疑问：既然分散化原理已被大家所认可，金融资产仅配置部分养老保险显而易见，研究有何意义？

财富型金融资产配置理论的配置标准是选择最优的收益和风险组合，用数学语言表达就是考察函数 f（收益，风险）。然而，养老保险是一种特殊的风险资产，它的收益源于风险，用数学语言表达就是分析函数 g［h（风险），风险］。因此，从财富效用最大化的视角考察养老保险的配置问题，仍然有着重要的理论意义，也将是本书的研究重点和特色。

第三章

养老保险购买的最优模型

根据经济学的基本假定，人们购买养老保险一定是逐“利”行为，前一章已经从保障动机、储蓄动机和投资动机三方面分析了人们购买养老保险所追逐的“利”。显然，对“利”做合理假定并分析人们的最优选择是经济学研究的必然尝试。基于此，本章不仅介绍了储蓄动机视角下的消费型养老保险购买最优模型，而且建立了投资动机下的财富型养老保险购买最优模型。

尽管“储蓄完全年金化”等关键结论受到了人们的广泛质疑，但消费型养老保险购买最优模型的建模思路和延伸方向仍然在大多数学者心中根深蒂固。如果人们认同本章新建的财富型养老保险购买最优模型，那么“储蓄部分年金化”的研究结论或许与实践更为吻合。

第一节 消费型最优模型的回顾

生命周期消费理论自创建起，一直在主流经济学中扮演着重要的基础地位角色。因此，绝大多数养老保险购买研究的理论基础都来源于生命周期消费理论，该研究思路源自雅瑞于 1965 年在《经济研究评论》上发表的《寿命不确定性、人寿保险和消费者理论》一文。雅瑞指出，人们面临寿命的不确定性会带来未来收入流的不确定性，如果人们追求生命周期消费效用最大化，那么这种不确定性会影响到人们的消费行为，人们通过购买年金[①]可以减轻这种不确定性的影响，并改变消费选择。显然，该研究思路探讨的是养老保险购买的储蓄动机，所假定的“利”为生命周期消费效用的最大化。

① 最典型的养老保险产品。

一、消费型最优模型的建立[①]

雅瑞首先构造了所谓的费雪效用函数[②]，来表示人们的整个生命周期消费效用。费雪效用函数为：

$$V(c)=\int_0^T \alpha(t)g[c(t)]\mathrm{d}t \tag{3-1}$$

其中，T 表示人们存活 T 年；α 为非负实值贴现函数，区间为 $[0, T]$，函数一阶可微；c 表示消费计划，为区间 $[0, T]$ 上的实值函数，$c(t)$ 表示 $[0, T]$ 上的任意 t 时刻的消费率；g 为每时刻消费率的效用函数，在区间 $[0, T]$ 上凹，二阶连续可微，一阶非负，二阶为负。

假定消费者各期偏好独立，初始财富为 0，可以无限借贷，那么消费者在 t 时刻的净资产为：

$$S(t)=\int_0^t \left[\exp\int_\tau^t j(x)\mathrm{d}x\right][m(\tau)-c(\tau)]\mathrm{d}\tau \tag{3-2}$$

其中，$j(\tau)$ 为 τ 时刻的利率，$m(\tau)$ 为 t 时刻的收入率，m，j 均在 $[0, T]$ 连续。消费计划 c 要满足三个条件：有限且可计算；对于所有 $t \in [0, T]$，$c(t) \geqslant 0$；$\int_0^T \left[\exp\int_t^T j(x)\mathrm{d}x\right][m(t)-c(t)]\mathrm{d}t=0$。

那么确定性情况下的最优消费问题为：$\mathrm{Max}V(c)$，必须 $S(t) \geqslant 0$。

如果最优消费计划 c^* 在 $[0, T]$ 连续可微，并且为正，根据 Yarri (1964)，最优消费计划 c^* 满足：

$$c^{*\prime}(t)=-\left[j(t)+\frac{\alpha'(t)}{\alpha(t)}\right]\frac{g'[c^*(t)]}{g''[c^*(t)]} \tag{3-3}$$

如果人们考虑遗产动机，那么人们的生命周期消费函数为马歇尔[③]效用函数：

$$U(c)=\int_0^T \alpha(t)g[c(t)]\mathrm{d}t+\beta(T)\varphi[S(T)]$$

---

① 李毅．保险需求理论的演进［D］．武汉：武汉大学，2005.

② 参见本章第二节第二点中有关利己主义和利他主义的阐述。

③ 同脚注②。

其中，φ 为遗产的效用函数，非递减，凹性，二阶连续可微，$\varphi''<0$；β 为遗产的主观权重函数。

雅瑞分四种情况考察了生命的不确定性下的人们最优消费计划，包括：状况 A，不考虑遗产动机，不购买年金；状况 B，考虑遗产动机，不购买年金；状况 C，不考虑遗产动机，购买年金；状况 D，考虑遗产动机，购买年金。

（一）无遗产动机，不购买年金

如果生命是不确定的，那么 T 为随机变量，服从概率密度函数 π。π 为 $[0,\ \bar{T}]$ 上的实值函数，对于所有 t，$\pi(t) \geqslant 0$，$\int_0^{\bar{T}}\pi(t)\mathrm{d}t = 1$。那么，消费者在 t 时刻生存的概率为 $\Omega(t) = \int_t^{\bar{T}}\pi(\tau)\mathrm{d}\tau$，$0 \leqslant t \leqslant \bar{T}$。消费者 t 时刻生存，在 τ 时刻死亡的条件密度 $\pi_t(\tau) = \dfrac{\pi(\tau)}{\Omega(t)}$，$0 \leqslant t \leqslant \tau \leqslant \bar{T}$，$t \neq \bar{T}$。

那么，相应的费雪效用函数为：

$$\bar{V}(c) = EV(c) = \int_0^{\bar{T}}\pi(t)\int_0^t\alpha(\tau)g[c(\pi)]\mathrm{d}\tau\mathrm{d}t = \int_0^{\bar{T}}\Omega(t)\alpha(t)g[c(t)]\mathrm{d}t$$

根据 S 的定义，有：$S'(t)=m(t)-c(t)+j(t)S(t)$。由 $S(t)\geqslant 0$，可得，每当 $S(t)=0$，有 $S'(t)\geqslant 0$，因此 $c(t)\leqslant m(t)$。那么最优消费问题为：

$$\mathrm{Max}\int_0^{\bar{T}}\Omega(t)\alpha(t)g[c(t)]\mathrm{d}t,$$

必须：对于所有 $t\in[0,\ T]$，$c(t)\geqslant 0$；

每逢 $S(t)=0$，$c(t)\leqslant m(t)$；

$S(\bar{T})=0$。

根据变分的欧拉方程条件，可知，最优消费解满足：

$$c^{*\prime}(t) = -\left[j(t)+\frac{\alpha'(t)}{\alpha(t)}-\pi_t(t)\right]\frac{g'[c^*(t)]}{g''[c^*(t)]} \tag{3-4}$$

（二）无遗产动机，购买年金

$r(t)$ 表示购买的年金[①]在 t 时刻的精算利率。如果保险者购买年金，那么消费者在 t 时刻的保险储备[②] $Q(t) = \int_0^t \left[\exp\int_\tau^t r(x)\,\mathrm{d}x\right] [m(\tau) - c(\tau)]\,\mathrm{d}\tau$。如果假定消费者处于非饱和（Non-saturation）状态，那么有：

$$Q(\bar{T}) = \int_0^{\bar{T}} \left[\exp\int_t^{\bar{T}} r(x)\,\mathrm{d}x\right] [m(t) - c(t)]\,\mathrm{d}t =$$

$$\int_0^{\bar{T}} \left\{\exp\left[-\int_0^t r(x)\,\mathrm{d}x\right]\right\} [m(t) - c(t)]\,\mathrm{d}t = 0$$ [③]。

最优问题为：

$$\mathrm{Max}\int_0^{\bar{T}} \Omega(t)\alpha(t)g[c(t)],$$

必须：对于所有 t，$c(t) \geqslant 0$，满足 $\int_0^{\bar{T}} \left\{\exp\left[-\int_0^t r(x)\,\mathrm{d}x\right]\right\} [m(t) - c(t)]\,\mathrm{d}t = 0$。

那么最优解满足：$c^{*\prime}(t) = -\left[r(t) + \dfrac{\alpha'(t)}{\alpha(t)} - \pi_t(t)\right]\dfrac{g'[c^*(t)]}{g''[c^*(t)]}$。又可以证明，$r(t) \approx j(t) + \pi_t(t)$ [④]，那么最优解条件变为：

$$c^{*\prime}(t) = -\left[j(t) + \frac{\alpha'(t)}{\alpha(t)}\right]\frac{g'[c^*(t)]}{g''[c^*(t)]}。 \tag{3-5}$$

（三）有遗产动机，不购买年金

很明显，相应的马歇尔效用函数为：

$$\bar{U}(c) = EU(c) = \int_0^{\bar{T}} \{\Omega(t)\alpha(t)g[c(t)] + \pi(t)\beta(t)\varphi[S(t)]\}\,\mathrm{d}t。$$

最优消费问题为：$\mathrm{Max}\,\bar{U}(c)$，必须：$c(t) \geqslant 0$。

---

① 假定为精算定价保单。

② 可以理解为保单的现金价值。

③ 在雅瑞的原证明中，假定保险储备不能为负。为了简单起见，这里略去了该限制，但不影响证明结果，下同。

④ 证明见雅瑞（1965）。

同样，最优解 $c^*(t)$ 和 $S^*(t)$ 满足：

$$c^{*\prime}(t)=-\left[j(t)+\frac{\alpha'(t)}{\alpha(t)}-\pi_t(t)\right]\frac{g'[c^*(t)]}{g''[c^*(t)]}-\frac{\pi_t(t)}{\alpha(t)}\frac{\beta(t)\varphi'[S^*(t)]}{g''[c^*(t)]},\tag{3-6}$$

$$S^{*\prime}(t)=m(t)-c^*(t)+j(t)S^*(t)。\tag{3-7}$$

（四）有遗产动机，购买年金

此时的马歇尔效用函数为：

$$\overline{U}(c,\ S)=\int_0^{\overline{T}}\{\Omega(t)\alpha(t)g[c(t)]+\pi(t)\beta(t)\varphi[S(t)]\}\mathrm{d}t。$$

如果消费者购买保险，那么在 t 时刻的总财富为：$R(t)=S(t)+Q(t)$。其中，$R(t)=\int_0^t[m(\tau)-c(\tau)]\mathrm{d}\tau+\int_0^t r(\tau)Q(\tau)\mathrm{d}\tau+\int_0^t j(\tau)S(\tau)\mathrm{d}\tau$，又 $r(\tau)\approx j(\tau)+\pi_t(\tau)$，所以：

$R(t)=\int_0^t[m(\tau)-c(\tau)]\mathrm{d}\tau+\int_0^t r(\tau)R(\tau)\mathrm{d}\tau-\int_0^t\pi_\tau(\tau)S(\tau)$，该式等价于：

$$R(t)=\int_0^t\left[\exp\int_\tau^t r(x)\mathrm{d}x\right][m(\tau)-c(\tau)-\pi_\tau(\tau)S(\tau)]\mathrm{d}\tau。$$

在非饱和条件下，$Q(t)=0$，所以 $R(t)=S(t)$。假定对于所有 t，$S(t)$ 很小，那么，令 $t=\overline{T}$，变换积分上下限，很容易得到：

$$\int_0^{\overline{T}}\left\{\exp\left[-\int_0^t r(x)\mathrm{d}x\right]\right\}[m(t)-c(t)-\pi_t(t)S(t)]\mathrm{d}\tau=0。$$

最优问题为：

$$\mathrm{Max}\ \overline{U}(c,\ S)=\int_0^{\overline{T}}\{\Omega(t)\alpha(t)g[c(t)]+\pi(t)\beta(t)\varphi[S(t)]\}\mathrm{d}t。$$

必须：对于所有 t，$c(t)\geqslant 0$；

$$\int_0^{\overline{T}}\left\{\exp\left[-\int_0^t r(x)\mathrm{d}x\right]\right\}[m(t)-c(t)-\pi_t(t)S(t)]\mathrm{d}\tau=0。$$

那么最优解满足：

$$c^{*\prime}(t)=-\left[j(t)+\frac{\alpha'(t)}{\alpha(t)}\right]\frac{g'[c^*(t)]}{g''[c^*(t)]},\tag{3-8}$$

$$S^{*\prime}(t)=-\left[j(t)+\frac{\beta'(t)}{\beta(t)}\right]\frac{\varphi'[S^{*}(t)]}{\varphi''[S^{*}(t)]}。\tag{3-9}$$

二、消费型最优模型的结论

（一）雅瑞模型的结论[①]

1. 无遗产动机时的结论

考察式（3-3）和式（3-4），我们发现人们面临着生命的不确定性［由 $\pi_t(t)$ 表示］会使人们的最优边际消费率 $c^{*\prime}(t)$ 从确定性状态下的 $-\left[j(t)+\frac{\alpha'(t)}{\alpha(t)}\right]\frac{g'[c^{*}(t)]}{g''[c^{*}(t)]}$ 减少为 $-\left[j(t)+\frac{\alpha'(t)}{\alpha(t)}-\pi_t(t)\right]\frac{g'[c^{*}(t)]}{g''[c^{*}(t)]}$，表明人们减少消费。换句话说，如果我们把 $-\frac{\alpha'(t)}{\alpha(t)}$ 看作确定性下的人们消费主观贴现率，那么不确定下的主观消费贴现率为 $-\left[\frac{\alpha'(t)}{\alpha(t)}-\pi_t(t)\right]$，显然后者大于前者，人们会减少消费。

考察式（3-5），我们发现，在人们面临生命不确定时，如果购买年金，那么人们的最优边际消费率近似为 $c^{*\prime}(t)=-\left[j(t)+\frac{\alpha'(t)}{\alpha(t)}\right]\frac{g'[c^{*}(t)]}{g''[c^{*}(t)]}$，与确定性下的最优边际消费率 $-\left[j(t)+\frac{\alpha'(t)}{\alpha(t)}\right]\frac{g'[c^{*}(t)]}{g''[c^{*}(t)]}$ 形式上相同。如果我们不考虑具体解的积分常数差异[②]，那么这两种情况下的最优消费解 $c'(t)$ 是接近的。也就是说，购买年金可以减轻寿命的不确定性对于生命周期消费的影响。雅瑞还证明，购买年金时的福利状态与没有购买年金时的福利状态相比有了改进，这表明购买年金会

① 李毅．保险需求理论的演进［D］．武汉：武汉大学，2005.

② 显然，如果最优解的积分常数不同，就不能说状况 A 和状况 C 的最优解等同。也就是说，购买保险能完全消除不确定性的结论并没有得到证明，雅瑞本人已经指出了这一点。但遗憾的是，许多学者忽视了这一点。

增进人们的福利①。

2. 有遗产动机时的结论

考察式（3-6）$c^{*\prime}(t)=-\left\{j(t)+\frac{\alpha'(t)}{\alpha(t)}-\pi_t[t]\right\}\frac{g'[c^*(t)]}{g''[c^*(t)]}-\frac{\pi_t(t)}{\alpha(t)}\frac{\beta(t)\varphi'[S^*(t)]}{g''[c^*(t)]}$，显然此时生命的不确定性 $\pi_t(t)$ 影响着最优边际消费率 $c^{*\prime}(t)$，会使人们的消费决定发生变化。对比式（3-6）和式（3-8），通过购买年金，显然最优边际消费率 $c^{*\prime}(t)$ 会趋于确定，甚至类似于确定性下的状态［见式（3-4）］。所以说，购买年金改变了人们的消费决定。

（二）雅瑞模型结论的引申

雅瑞结论的证明过程可以分为两步：首先求出有、无寿命不确定下的最优消费的边际消费率差异；然后假定人们把储蓄都用来购买年金，这时人们最优消费的边际消费率近似于不考虑寿命不确定性时的状态。因此，雅瑞得出了重要的结论：通过购买年金，人们消除了寿命不确定性带来的消费不确定性，实现了生命周期消费的效用最大化。

按照消费型金融资产配置理论的视角，雅瑞的结论可以表述为：如果人们把自己的储蓄全部配置为养老保险②资产，那么可以消除寿命不确定性带来的消费不确定性，并实现生命周期消费的效用最大化。也就是说，雅瑞创建的消费型养老保险购买最优模型中，关键结论为：储蓄全部配置为养老保险资产是人们的最优资产配置选择。

三、消费型最优模型的进展

储蓄全部配置为年金资产的最优模型结论，自被证明以来的二十多年间一直得到人们的广泛认可。然而，Friedman 和 Warshawsky（1990）指出，该结论与人们没有大规模购买个人年金的现实世界有着较大的差异，这一差异被命名为“年金之谜”（Annuity Puzzle）。消费型最优模型

① 雅瑞证明了购买年金的状况比没有购买年金的状况的约束条件要宽泛许多，从而得到这个结论。

② 即年金。

的之后研究主要涉及“年金之谜”的合理解释，以使之更适应现实世界。

除了之前 Karni 和 Zilcha（1986）① 的研究尝试，Friedman 和 Warshawsky 提出质疑后的十多年间，消费型最优模型的研究鲜有进展。2005 年，Davidoff、Brown 和 Diamond 在《美国经济评论》上发表了名为《年金与个人福利》的论文。他们放松了效用函数独立性假设，指出：阿罗—德布鲁完全市场中的人们会选择储蓄完全年金化；而年金缺乏流动性的不完全市场中，储蓄完全年金化不是人们的最优选择。在 Davidoff、Brown 和 Diamond（2005）之后，消费型最优模型的研究成果不断涌现。在数理模型上，引进的新变量包括产品种类、违约风险、替代品、行为偏差、不确定健康成本、总死亡风险等（Milevsky，2005；Babbel 和 Merrill，2006；Lopes 和 Michaelides，2007；Davidoff，2008；Agnew 等，2008；Brown 等，2008；Turra 和 Mitchell，2008；Schulze 和 Post，2010；等等）。

第二节　财富型最优模型的建立

尽管生命周期消费效用最大化仍然是养老保险购买最优模型的主流研究思路，但在现实世界中，人们很难如此有远见地实现生命周期消费。Yaari（1965）框架下的一些条件（非饱和假定、无限借款等）在现实中也很难满足。人们往往会把包括年金在内的养老保险产品与银行储蓄、国债等固定收入证券以及股票等金融风险资产加以比较，并做金融资产配置的行为决策。这种情形在中国更为常见，这就给我们提出了新的问题：人们购买养老保险是否还有其他的选择机理？本节依托第二章提出的投资动机，结合财富型金融资产配置理论，把生存年金作为养老保险的代表性产品，建立了财富型养老保险购买最优模型，以期对人们购买养老保险的理

① 他们的研究指出，在一个两期的费雪模型中，如果人们风险厌恶程度增加，人们会购买更少的年金。

论基础做一步探讨。

除了不同于消费型最优模型追求消费期望效用最大化，新建的财富型最优模型还有其他两个特点：一是模型没有假定具体的效用函数形式，不同于 CAPM 理论中效用函数为二次函数的假设，因此与 Borch（1977）所提到的人寿保险作为投资方式之一的投资组合理论的相关研究是不同的；二是在同一框架下将定期保险和年金并列处理，不像传统研究那样将两者合二为一（Yaari，1965；Borch，1977；Pissarides，1980；等等）或者单独研究其中之一（Fisher，1973；Karni 和 Zilcha，1986；Davidoff、Brown 和 Diamond，2005；等等）。

一、基本假设

本节新建的财富型养老保险购买最优模型为单期模型，将生存年金作为养老保险的代表性产品，寻找人们选择的最优储蓄配置结构，即人们的金融资产最优配置。

（一）假设 1

人寿保险是储蓄的一种方式，早已被著名学者们（Marshall，1890；Yaari，1965；Borch，1977）所认可。Borch（1990）指出，人寿保险的两种基本类型为死亡保险和生存年金。死亡保险又名定期保险，生存年金是养老保险的典型代表。我们假定人们储蓄的方式只有三种：债券①、定期保险和（生存）年金。

（二）假设 2

令 C 表示期初财富，假定全部财富用于储蓄；假定模型期间内没有收入流，不发生消费行为。

（三）假设 3

假定人们符合冯诺依曼—摩根斯坦函数 U，追求期望效用最大化，财富的效用函数和遗产的效用函数都为 U，U 二阶连续可导，

① 代表固定收入证券。

$U(0)=0$，$U'>0$，$U''<0$。假定人们不会选择期望效用为0的储蓄方式。

（四）假设4

假设人们的年龄为A，在期内死亡的概率为P_A，在期末存活的概率为$1-P_A$。

（五）假设5

假定人们购买债券的金额为z，人们不会提前支取债券。令利率为i，那么期末的债券本息和为$z(1+i)$。

（六）假设6

假设购买定期保险和年金的保险费分别为x和y，显然有$x+y+z=C$。假定人们不会提前退保；假定不存在利差异，保险给付在期末进行。

定期保险和年金的定价分为两种：精算公平定价[①]和保费附加定价。假设m和n分别为定期保险和年金的附加保费因子，$m>0$，$n>0$。如果人们符合给付条件，那么保费精算公平定价和保费附加定价下的给付额状况见表3-1。

表3-1　财富型养老保险购买最优模型中的定价与给付

类别	精算公平定价		保费附加定价	
	保费	给付额	保费	给付额
定期保险	x	$x\frac{1+i}{P_A}$	x	$x\frac{1+i}{(1+m)P_A}$
年金	y	$y\frac{1+i}{1-P_A}$	y	$y\frac{1+i}{(1+n)(1-P_A)}$

二、进一步的假设

考虑到研究的完整性和结论的广泛性，本部分将对上述假设之外的两类差异性较大的假设做进一步说明。

① 也可以理解为按纯保费定价。

（一）利己主义与利他主义

理性人是经济学研究的一个重要假定，它假定每个从事经济活动的人都是利己的，力图以最小的经济成本去获得最大的经济收益。也就是说，主流的经济学研究大多坚持利己主义。

然而，实践中的利他主义经济行为随处可见，引起了以诺贝尔经济学奖获得者、美国著名经济学家加里·贝克尔（Becker，1974、1976）为代表的学者们的广泛关注。但是，“经济学家们对利他主义的性质、形成机制以及利他行为的经济效果等关键问题上存在着严重的分歧，没有形成一种统一的理论分析框架，以致常常陷入‘公说公有理，婆说婆有理’的无谓争论。”[①] 但不少学者认为，利他主义经济行为的一个典型代表是具有亲缘关系群体内部的利他主义行为，家庭行为经济学研究成果的不少提出者们支持这一点，家庭行为经济学的开创者贝克尔更是深谙此道。

事实上，如果把个人的选择拓展到家庭的选择，那么个人帮助家庭的利他主义选择也可以视作一种利己主义。在人寿保险需求理论的研究中，曾经有学者[②]如此思考，但更早的研究至少可以追溯到一位英国伟大的经济学家阿尔弗雷德·马歇尔（Marshall，1890）。马歇尔指出，人们购买寿险保单是为了“家庭情感”的储蓄，“在英国，每年就有 2000 万英镑以保险单的形式储蓄起来，而且只有在储蓄的人死后才能动用”[③]。马歇尔的说法可以用更专业的经济学语言来描述，即人们具有的遗产动机也可以理解为重视“家庭情感”的利己主义。因此，雅瑞在他的经典文献（Yaari，1965）中将考虑遗产动机的生命周期消费函数称作马歇尔效用函数。雅瑞文献中提到的费雪效用函数则是典型的利己主义观点，来自另一位伟大的经济学家、美国人欧文·费雪的思想（Fisher，1930）。费雪在 1930 年的名著《利息理论》中写道：“这种基于生命、健康和赚钱能力的不确定性的风险，与资本收入的不确定性有所不同……这是因为人是具有

① 杨春学．利他主义经济学的追求［J］．经济研究，2001（4）：82.

② Lewis，F. D．Dependents and the Demand for Life Insurance［J］．American Economic Review，1989，79，452-467.

③ 马歇尔．经济学原理（上卷）［M］．朱志泰，译．北京：商务印书馆，1981.

双重身份的——他是生产者，又是消费者。”① 费雪认为基于生命的不确定性的风险当然会带来“带有风险的收入”，但“生命的结束不仅终止了收入的产生，而且也终止了任何收入的享用”②。显然，费雪的观点是典型的利己主义，而且未支持马歇尔所提到的遗产动机。

因此，与雅瑞建立了多个模型相类似，本书建立的财富型最优模型也考虑了多种情况，既建立了考虑遗产动机的最优模型，也设计了不考虑遗产动机的最优模型。

（二）财富的可加性与财富效用的可加性

如果人们的财富 W 包括两类资产 W_1 和 W_2，那么财富的效用函数通常会被表示为 $U(W)=V(W_1+W_2)$，可以称为财富的可加性。

但在实践中，不同的资产即使有着相同的货币价值，但由于资产的性质有所差异，人们的感受③经常是不同的。例如，人们持有股票和储蓄存款两类资产，前者已经持有了很长时间，经历了价格的大幅波动，即使其市值等于储蓄存款，人们通常也不会认为自己的财富刚刚是存款的两倍。如果考虑到资产的异质性，财富的效用函数也可以表示为 $U(W)=V(W_1)+V(W_2)$④，可以称为财富效用的可加性。

三、最优模型：财富的可加性

在单期模型中，期初的财富 C 满足 $x+y+z=C$，期末的财富仍然是有关 (x, y, z) 的函数，因此可以用 $V(x, y, z)$ 表示人们期末财富的效用，那么最优问题为：

$$\text{Max } E[V(x, y, z)],\ \text{满足 } x+y+z=C,\ x\geqslant 0,\ y\geqslant 0,\ z\geqslant 0。\tag{3-10}$$

根据保费定价方式的差异⑤以及是否考虑人们的遗产动机，式（3-10）

① 菲歇尔．利息理论［M］．陈彪如，译．上海：上海人民出版社，1999.

② 同脚注①。

③ 可以理解为效用。

④ 假定两类资产的效用函数一致。

⑤ 精算公平定价或者附加保费定价。

的最优问题可以分为以下四种情况：保费精算公平定价、人们无遗产动机，保费附加定价、人们无遗产动机，保费精算公平定价、人们有遗产动机，保费附加定价、人们有遗产动机。

（一）保费精算公平定价、人们无遗产动机

由于不考虑人们的遗产动机，那么人们不会购买定期保险，显然有：

$E[V(x, y, z)]=E[V(y, z)]=(1-P_A)U[y\frac{1+i}{1-P_A}+z(1+i)]$，满足 $y+z=C$，$y\geqslant 0$，$z\geqslant 0$。

则式（3-10）的最优问题转化为：

$$\text{Max}\,E=\text{Max}\{(1-P_A)U[y\frac{1+i}{1-P_A}+(C-y)(1+i)]\}，满足\ 0\leqslant y\leqslant C。\tag{3-11}$$

命题 3-1：如果财富服从财富的可加性，当保费精算公平定价并且人们没有遗产动机时，人们会选择储蓄完全年金化。

证明：对式（3-11）求导，有：$\frac{dE}{dy}=P_A(1+i)U'[y\frac{1+i}{1-P_A}+(C-y)(1+i)]$。

既然 $U'>0$，显然 $dE/dy>0$。那么，最优的 $y=C$。这是因为，当人们没有遗产动机时，只要购买年金并生存到约定时间，就可以获得正的生者利①，并且购买年金数额越多，获得的生者利数额越大。这时，人们会选择储蓄完全年金化，与消费型最优模型的经典研究结论（Yarri，1965；Davidoff、Brown 和 Diamond，2005）一致。

（二）保费附加定价、人们无遗产动机

类似于第一种情况，有：

$E[V(x, y, z)]=E[V(y, z)]=(1-P_A)U[y\frac{1+i}{(1+n)(1-P_A)}+z(1+i)]$，满足 $y+z=C$，$y\geqslant 0$，$z\geqslant 0$。

---

① 我们用 ψ 表示单位生者利，如果保费精算公平定价，显然 $\psi=\frac{1}{1-P_A}-1>0$。

则式（3-10）的最优问题转化为：

$$\text{Max}E = \text{Max}\{(1-P_A)U[y\frac{1+i}{(1+n)(1-P_A)}+(C-y)(1+i)]\},$$

满足 $0 \leqslant y \leqslant C$。（3-12）

命题 3-2：如果财富服从财富的可加性，当保费附加定价并且人们没有遗产动机时，那么当生者利为正时，人们会选择储蓄完全年金化；当生者利为负时，人们会选择储蓄零年金化；当生者利为零时，人们的储蓄方式选择是不确定的。

证明：我们知道，保费附加定价下的单位生者利 $\psi = \frac{1}{(1+n)(1-P_A)} - 1$。

对式（3-12）求导，有：

$$\frac{\mathrm{d}E}{\mathrm{d}y} = \frac{1+i}{1+n}[1-(1+n)(1-P_A)]U'[y\frac{1+i}{(1+n)(1-P_A)}+(C-y)(1+i)]。$$

如果单位生者利 $\psi = \frac{1}{(1+n)(1-P_A)} - 1 > 0$，那么 $\frac{\mathrm{d}E}{\mathrm{d}y} > 0$，最优 $y = C$，人们会选择储蓄完全年金化。

如果单位生者利 $\psi = \frac{1}{(1+n)(1-P_A)} - 1 < 0$，那么 $\frac{\mathrm{d}E}{\mathrm{d}y} < 0$，最优 $y = 0$，人们会选择储蓄零年金化。

如果单位生者利 $\psi = \frac{1}{(1+n)(1-P_A)} - 1 = 0$，那么 $\frac{\mathrm{d}E}{\mathrm{d}y} = 0$，$\{(x, y) \mid \frac{x}{y} = \frac{P_A}{1-P_A}, 0 \leqslant x \leqslant C, 0 \leqslant y \leqslant C\}$，最优的 y 不确定，人们会选择储蓄完全年金化，或者储蓄部分年金化，或者储蓄零年金化。

由以上可知，因生者利的不同，人们对储蓄方式的配置选择是不同的。因此，在实践中，如果附加保费因子太高，使生者利为负，人们可能不会购买年金。

(三) 保费精算公平定价、人们有遗产动机

显然，有：

$E[V(x, y, z)] = P_A U[x\frac{1+i}{P_A} + z(1+i)] + (1-P_A)U[y\frac{1+i}{1-P_A} + z(1+i)]$，满足 $x+y+z=C$，$x \geqslant 0$，$y \geqslant 0$，$z \geqslant 0$。

那么，式（3-10）的最优问题转化为：

$$\mathrm{Max}E[V(x, y)] = \mathrm{Max}\{P_A U[x\frac{1+i}{P_A} + (C-x-y)(1+i)] + (1-P_A)U[y\frac{1+i}{1-P_A} + (C-x-y)(1+i)]\} \tag{3-13}$$

满足 $0 \leqslant x \leqslant C$，$0 \leqslant y \leqslant C$。

命题3-3：如果财富服从财富的可加性，当保费精算公平定价并且人们有遗产动机时，人们会选择储蓄部分年金化或者储蓄零年金化。

证明：分别对式（3-13）的 x、y 求偏导，有：

$\frac{\partial E}{\partial x} = (1-P_A)(1+i)\{U'[x\frac{1+i}{P_A} + (C-x-y)(1+i)] - U'[y\frac{1+i}{1-P_A} + (C-x-y)(1+i)]\}$，$\frac{\partial E}{\partial y} = -P_A(1+i)\{U'[x\frac{1+i}{P_A} + (C-x-y)(1+i)] - U'[y\frac{1+i}{1-P_A} + (C-x-y)(1+i)]\}$。

令 $\frac{\partial E}{\partial x} = \frac{\partial E}{\partial y} = 0$，则有：

$U'[x\frac{1+i}{P_A} + (C-x-y)(1+i)] = U'[y\frac{1+i}{1-P_A} + (C-x-y)(1+i)]$。

由于 $U'' < 0$，所以 $\frac{x}{y} = \frac{P_A}{1-P_A}$ 严格单调，则：

$x\frac{1+i}{P_A} + (C-x-y)(1+i) = y\frac{1+i}{1-P_A} + (C-x-y)(1+i)$，有：$\frac{x}{y} =$

$\frac{P_A}{1-P_A}$。

因此，驻点 (x_0, y_0) 的集为 $\{(x, y) \mid \frac{x}{y}=\frac{P_A}{1-P_A}, 0 \leqslant x \leqslant C, 0 \leqslant y \leqslant C\}$，并且驻点集对应的函数值都为 $E[V(x_0, y_0, z_0)]=U[C(1+i)]$。

若 $x=0$，$E[V(x, y)]=P_AU[(C-y)(1+i)]+(1-P_A)U[y\frac{1+i}{1-P_A}+(C-y)(1+i)\}$。

$\frac{\mathrm{d}E}{\mathrm{d}y}=P_A(1+i)\{U'[y\frac{1+i}{1-P_A}+(C-y)(1+i)]-U'[(C-y)(1+i)]\} \leqslant 0$，那么 $x=0$ 时的 $E_{\max}=E[V(0, 0, C)]=U[C(1+i)]$。

当 $y=0$ 时，$E[V(x, y)]=(1-P_A)U[(C-x)(1+i)]+P_AU[x\frac{1+i}{P_A}+(C-x)(1+i)]$。

$\frac{\mathrm{d}E}{\mathrm{d}x}=(1-P_A)(1+i)\{U'[x\frac{1+i}{P_A}+(C-x)(1+i)]-U'[(C-x)(1+i)]\} \leqslant 0$，那么 $y=0$ 时的 $E_{\max}=E[V(0, 0, C)]=U[C(1+i)]$。

比较驻点和临界域的函数值，我们知道，最优解为 $[P_A(C-z_0), (1-P_A)(C-z_0), z_0]$。因此，人们会选择储蓄部分年金化 $(z_0 \neq C)$ 或者储蓄零年金化 $(z_0=C)$。

(四) 保费附加定价、人们有遗产动机

显然，有：

$E[V(x, y, z)]=P_AU[x\frac{1+i}{P_A(1+m)}+z(1+i)]+(1-P_A)U[y\frac{1+i}{(1-P_A)(1+n)}+z(1+i)]$，满足 $x+y+z=C$，$x \geqslant 0$，$y \geqslant 0$，$z \geqslant 0$。

那么，式（3-10）的最优问题转化为：

$\mathrm{Max}E[V(x, y)]=\mathrm{Max}\{P_AU[x\frac{1+i}{P_A(1+m)}+(C-x-y)(1+i)]$

$$+(1-P_A)U[y\frac{1+i}{(1-P_A)(1+n)}+(C-x-y)(1+i)]\}$$

（3-14）

满足 $0 \leqslant x \leqslant C$，$0 \leqslant y \leqslant C$。

命题 3-4：如果财富服从财富的可加性，当保费附加定价并且人们有遗产动机时，人们不会选择储蓄完全年金化。

证明：对式（3-14）中的 y 求偏导，有：

$$\frac{\partial E}{\partial y}=(1+i)(\frac{1}{1+n}-1)U'[y\frac{1+i}{(1-P_A)(1+n)}+(C-x-y)(1+i)]+$$

$$P_A(1+i)\{U'[y\frac{1+i}{(1-P_A)(1+n)}+(C-x-y)(1+i)]-$$

$$U'[x\frac{1+i}{P_A(1+m)}+(C-x-y)(1+i)]\}\left.\frac{\partial E}{\partial y}\right|_{y=C}=(1+i)(\frac{1}{1+n}-1)$$

$$U'[C\frac{1+i}{(1-P_A)(1+n)}]+P_A(1+i)\{U'[C\frac{1+i}{(1-P_A)(1+n)}]-U'(0)]\}$$

由于 $U'>0$，$U''<0$，有：$\left.\frac{\partial E}{\partial y}\right|_{y=C}<0$。这表明，对任意的 x_0，在 $[0, C)$ 上至少存在一个 y_0，使 $E[V(x_0, y_0, C-x_0-y_0)]>E[V(0, C, 0)]$。显然，人们不会选择储蓄完全年金化。

（五）模型结果

财富可加性下的财富型最优模型涉及了四种不同状态下的最优储蓄方式的选择。进一步讲，求解最优模型就是寻找年金在总储蓄中的最优配置比。模型结果表明，在保费精算公平定价和人们无遗产动机的理想状态下，人们会选择储蓄完全年金化；在其他情况下，人们可能选择储蓄部分年金化，甚至储蓄零年金化。

具体地讲，如果人们无遗产动机，当存在正的生者利时，无论保费精算公平定价还是附加定价，人们都会选择储蓄完全年金化；如果生者利为负，那么人们会选择储蓄零年金化；如果生者利为零，那么人们的选择是不确定的。如果人们有遗产动机，储蓄方式选择的考察相对复杂，人们可能选择储蓄部分年金化或者零年金化。从上述结果可以看出，储蓄完全年金化不是大多数状态下人们的最优选择，储蓄部分年金化的结果更接近于现实，财富型最优模型也从另外的视角解释了“年金之谜”。

在模型的求解过程中，我们还发现遗产动机和附加保费因子影响着年金的购买。尽管许多学者已经做了有关的实证研究（Kotlikoff 和 Spivak，1981；Lewis，1989；Mitchell、Poterba、Warshawsky 和 Brown，1999；Davidoff、Brown 和 Diamond，2005；等等），但可能需要更进一步的理论考察。

四、最优模型：财富效用的可加性

前文考察了财富可加性下的财富型最优模型，而这里主要研究财富效用可加性假定下的最优模型。模型期初的财富 C 同样满足 $x+y+z=C$，期末的财富仍然是有关 (x, y, z) 的函数，因此可以继续用 $V(x, y, z)$ 表示人们期末财富的效用，那么最优问题仍然与式（3-10）相同，为：

$$\text{Max}\, E[V(x, y, z)]，满足\ x+y+z=C,\ x\geqslant 0,\ y\geqslant 0,\ z\geqslant 0。 \tag{3-15}$$

本部分的模型同样考虑保费精算公平定价、人们无遗产动机，保费附加定价、人们无遗产动机，保费精算公平定价、人们有遗产动机，保费附加定价、人们有遗产动机四种状态，有关式（3-15）的最优问题分析如下：

（一）保费精算公平定价、人们无遗产动机

由于不考虑人们的遗产动机，则人们不会购买定期保险，那么有：

$$E[V(x, y, z)] = E[V(y, z)] = (1-P_A)U\left(y\frac{1+i}{1-P_A}\right) + (1-P_A)U[z(1+i)]，满足\ y+z=C,\ y\geqslant 0,\ z\geqslant 0。$$

则式（3-15）的最优问题转化为：

$$\text{Max}\left\{(1-P_A)U\left(y\frac{1+i}{1-P_A}\right)+(1-P_A)U[(C-y)(1+i)]\right\}，满足\ 0\leqslant y\leqslant C。 \tag{3-16}$$

命题3-5：如果财富服从财富效用的可加性，当保费精算公平定价并且人们没有遗产动机时，人们会选择财富完全年金化或者财富部分年金化。

证明：对式（3-16）求导，有：

$$\frac{\mathrm{d}E[U(y,\ z)]}{\mathrm{d}y}=(1+i)U'(y\frac{1+i}{1-P_A})-(1-P_A)(1+i)U'[(C-y)(1+i)],$$

$$\frac{\mathrm{d}^2E[U(y,\ z)]}{\mathrm{d}y^2}=\frac{1+i}{1-P_A}U''(y\frac{1+i}{1-P_A})+(1-P_A)(1+i)^2U''[(C-z)(1+i)]<0。$$

显然，$\frac{\mathrm{d}E[U(y,\ z)]}{dy}$ 单调递减，有：

$$\left.\frac{\mathrm{d}F}{\mathrm{d}y}\right|_{y=0}=(1+i)U'(0)-(1-P_A)(1+i)U''[C(1+i)]>0$$

因为 $U'>0$，$\left.\frac{\mathrm{d}F}{\mathrm{d}y}\right|_{y=0}=(1+i)U'(0)-(1-P_A)(1+i)U'[(1+i)C]>0$，

$$\left.\frac{\mathrm{d}F}{\mathrm{d}y}\right|_{y=C}=(1+i)U'(\frac{1+i}{1-P_A}C)-(1-P_A)(1+i)U'(0)。$$

当 $\frac{U'(0)-U'(\frac{1+i}{1-P_A}C)}{U'(0)}>P_A$ 时，$\left.\frac{\mathrm{d}F}{\mathrm{d}y}\right|_{y=C}<0$。由函数单调性质，必有一个 $y_0\in(0,\ C)$，使 EU 最大。由于 $0<y_0<C$，表明人们选择财富部分年金化。

当 $\frac{U'(0)-U'(\frac{1+i}{1-P_A}C)}{U'(0)}\leqslant P_A$ 时，$\left.\frac{\mathrm{d}F}{\mathrm{d}y}\right|_{y=C}\geqslant 0$。显然，当 $y=C$ 时，EU 最大，表明人们选择财富全部年金化。

我们用绝对财富边际效用递减程度 η 和相对财富边际效用递减程度 ξ 来表示随着财富的增加，人们的边际效用减少的程度，即财富 W 的绝对财富边际效用递减程度为 $\eta(W)=\frac{U'(0)-U'(W)}{U'(0)}$；相对财富边际效用递

减程度为$\xi(W)=\frac{U'(0)-U'(W)}{U'(W)}$。

推论 3-1：假定财富服从财富效用的可加性，如果保费精算公平定价并且人们无遗产动机，当人们财富完全年金化时的绝对财富边际效用递减程度大于死亡率时，人们会选择财富完全年金化；当人们财富完全年金化时的绝对财富边际效用递减程度小于或者等于死亡率时，人们会选择财富部分年金化。

我们知道，人们财富完全年金化时的财富绝对边际效用递减程度为$\frac{U'(0)-U'(\frac{1+i}{1-P_A}C)}{U'(0)}$，结论显然成立。

推论 3-2：假定财富服从财富效用的可加性，如果保费精算公平定价并且人们无遗产动机，当单位生者利大于人们财富完全年金化时的相对财富边际效用递减程度时，人们会选择财富完全年金化；当单位生者利小于财富完全年金化时的相对财富边际效用递减程度时，人们会选择财富部分年金化。

证明：我们用ψ表示单位生者利。如果精算公平定价，显然ψ为$(\frac{1}{1-P_A}-1)$，并且有：

$$\frac{U'(0)-U'(\frac{1+i}{1-P_A}C)}{U'(0)}\leqslant P_A \text{ 等价于 } \psi\geqslant\frac{U'(0)-U'(\frac{1+i}{1-P_A}C)}{U'(\frac{1+i}{1-P_A}C)},$$

$$\frac{U'(0)-U'(\frac{1+i}{1-P_A}C)}{U'(0)}>P_A \text{ 等价于 } \psi<\frac{U'(0)-U'(\frac{1+i}{1-P_A}C)}{U'(\frac{1+i}{1-P_A}C)},$$

结论成立。

推论 3-3：假定财富服从财富效用的可加性，如果保费精算公平定价并且人们无遗产动机，一般而言，死亡率越低，人们越倾向于购买年金。

证明：显然，令 y_0 表示最优年金购买，有：

$$(1+i)U'(y_0\frac{1+i}{1-P_A})-(1-P_A)(1+i)U'[(C-y_0)(1+i)]=0 \tag{3-17}$$

式（3-17）对 P_A 求导，有：

$$\frac{1+i}{1-P_A}U''(y_0\frac{1+i}{1-P_A})\frac{dy_0}{dP_A}+\frac{1+i}{(1-P_A)^2}y_0U''(y_0\frac{1+i}{1-P_A})$$

$$=-U'[(1-y_0)(1+i)]-(1-P_A)(1+i)U''[(C-y_0)(1+i)]\frac{dy}{dP_A}$$

化简，有：

$$\frac{dy_0}{dP_A}=\frac{-U'(y_0\frac{1+i}{1-P_A})}{(1+i)U''(y_0\frac{1+i}{1-P_A})+(1-P_A)^2U''[(C-y_0)(1+i)]}$$

$$[1+y_0\frac{1+i}{1-P_A}\frac{U''(y_0\frac{1+i}{1-P_A})}{U'(y_0\frac{1+i}{1-P_A})}]$$

$$=\frac{-U'(y_0\frac{1+i}{1-P_A})}{(1+i)U''(y_0\frac{1+i}{1-P_A})+(1-P_A)^2U''[(C-y_0)(1+i)]}[1-R_r(y_0\frac{1+i}{1-P_A})]。$$

一般而言，购买的年金给付额的相对风险厌恶度 $R_r(y_0\frac{1+i}{1-P_A})$ 要大于 1，显然 $\frac{dy_0}{dP_A}<0$。命题成立。

（二）保费附加定价、人们无遗产动机

显然，$E[V(x, y, z)]=E[V(y, z)]=(1-P_A)U(\frac{y}{1+n}\frac{1+i}{1-P_A})+(1-P_A)U[z(1+i)]$，满足 $y+z=C$。

那么，式（3-15）的最优问题转化为：

$\text{Max}\{(1-P_A)U(\frac{y}{1+n}\frac{1+i}{1-P_A})+(1-P_A)U[(C-y)(1+i)]\}$，满足$0\leqslant y\leqslant C$。（3-18）

命题3-6：如果财富服从财富效用的可加性，当保费附加定价并且人们没有遗产动机时，人们会选择财富全部年金化，或者财富部分年金化，或者财富零年金化。

证明：我们知道$\psi=\frac{1}{(1+n)(1-P_A)}-1$。对式（3-18）求导，有：

$$\frac{\mathrm{d}E}{\mathrm{d}y}=\frac{1+i}{1+n}U'(\frac{y}{1+n}\frac{1+i}{1-P_A})-(1-P_A)(1+i)U'[(C-y)(1+i)]$$

$$\frac{\mathrm{d}^2E}{\mathrm{d}y^2}=\frac{(1+i)^2}{(1+n)(1-P_A)}U''(\frac{y}{1+n}\frac{1+i}{1-P_A})+(1-P_A)(1+i)^2U''[(C-y)(1+i)]<0$$

$$\left.\frac{\mathrm{d}E}{\mathrm{d}y}\right|_{y=0}=\frac{1+i}{1-n}U'(0)-(1-P_A)(1+i)U'[C(1+i)]=(1+i)(1-P_A)U'(0)\{\psi+\eta[(1+i)C]\}$$

$$\left.\frac{\mathrm{d}E}{\mathrm{d}y}\right|_{y=C}=\frac{1+i}{1+n}\{U'[\frac{(1+i)C}{(1+n)(1-P_A)}]-(1-P_A)(1+n)U'(0)$$

$$=(1+i)(1-P_A)U'[\frac{(1+i)C}{(1+n)(1-P_A)}][\psi-\xi[\frac{(1+i)C}{(1+n)(1-P_A)}]$$

显然，如果$\psi>\xi[\frac{(1+i)C}{(1+n)(1-P_A)}]>-\eta[(1+i)C]$，那么$\frac{\mathrm{d}E}{\mathrm{d}y}>0$，当$y=C$时，$EU$最大，表明人们选择财富全部年金化。

如果$-\eta[(1+i)C]<\psi<\xi[\frac{(1+i)C}{(1+n)(1-P_A)}]$，那么$\left.\frac{\mathrm{d}E}{\mathrm{d}y}\right|_{y=0}>0$，$\left.\frac{\mathrm{d}F}{\mathrm{d}y}\right|_{y=C}<0$。由函数单调性质，必有一个$y_0\in(0,C)$，使$EU$最大。由于$0<y_0<C$，表明人们选择财富部分年金化。

如果$\psi<-\eta[(1+i)C]<\xi[\frac{(1+i)C}{(1+n)(1-P_A)}]$，那么$\frac{\mathrm{d}E}{\mathrm{d}y}<0$，当$y=$

0 时, EU 最大，表明人们选择财富零年金化。

推论 3-4：假定财富服从财富效用的可加性，如果保费附加定价并且人们无遗产动机，当单位生者利大于人们财富完全年金化时的相对财富边际效用递减程度时，人们会选择财富完全年金化；当单位生者利小于人们财富完全年金化的相对财富边际效用递减程度，并且大于财富完全债券化时的负绝对财富边际效用递减程度时，人们会选择财富部分年金化；当单位生者利小于财富完全债券化的负绝对财富边际效用递减程度时，人们会选择财富零年金化。

证明：财富完全年金化的相对财富边际效用递减程度为 $\xi[\frac{(1+i)C}{(1+n)(1-P_A)}]$，财富完全债券化的负绝对财富边际效用递减程度为 $-\eta[(1+i)C]$，结论明显成立。

推论 3-5：假定财富服从财富效用的可加性，如果保费附加定价并且人们无遗产动机，一般而言，死亡率越低，人们越倾向于购买年金。

证明：显然，令 y_0 表示最优年金购买量，有：

$$\frac{1+i}{1+n}U'(\frac{y_0}{1+n}\frac{1+i}{1-P_A})-(1-P_A)(1+i)U'[(C-y_0)(1+i)]=0 \tag{3-19}$$

式（3-19）对 P_A 求导，类似地，可以得到：

$$\frac{\mathrm{d}y_0}{\mathrm{d}P_A}=\frac{-U'(\frac{y_0}{1+n}\frac{1+i}{1-P_A})}{\frac{(1+i)}{1+n}U''(\frac{y_0}{1+n}\frac{1+i}{1-P_A})+\frac{(1+i)y_0}{(1+n)(1-P_A)}U''[(C-y_0)(1+i)]}$$

$$[1+\frac{y_0(1+i)}{(1+n)(1-P_A)}\frac{U''(\frac{y_0}{1+n}\frac{1+i}{1-P_A})}{U'(\frac{y_0}{1+n}\frac{1+i}{1-P_A})}]$$

$$= \frac{-U'(\frac{y_0}{1+n}\frac{1+i}{1-P_A})}{\frac{(1+i)}{1+n}U''(\frac{y_0}{1+n}\frac{1+i}{1-P_A}) + \frac{(1+i)y_0}{(1+n)(1-P_A)}U''[(C-y_0)(1+i)]}$$

$\{1 - R_r[\frac{y_0(1+i)}{(1+n)(1-P_A)})]\}$。

一般而言，购买的年金的给付额的相对风险厌恶度 $R_r[\frac{y_0(1+i)}{(1+n)(1-P_A)}]$ 要大于 1，显然 $\frac{dy_0}{dP_A} < 0$。结论成立。

（三）保费精算公平定价、人们有遗产动机

显然，式（3-15）的最优问题转化为：

$$E[U(x, y, z)] = P_A U(x\frac{1+i}{P_A}) + (1-P_A)U(y\frac{1+i}{1-P_A}) + U[z(1+i)], \tag{3-20}$$

满足 $x + y + z = C$，$x \geqslant 0$，$y \geqslant 0$，$z \geqslant 0$。

命题 3-7：如果财富服从财富效用的可加性，当保费精算公平定价并且人们有遗产动机时，人们会选择财富部分年金化。

证明：对式（3-20）构造拉格朗日函数如下：

$$F(x, y, z, \lambda) = P_A U(x\frac{1+i}{P_A}) + (1-P_A)U(y\frac{1+i}{1-P_A}) + U[z(1+i)] + \lambda(x+y+z-C)$$

则，$\frac{\partial F}{\partial x} = (1+i)U'(x\frac{1+i}{P_A}) + \lambda = 0$，

$$\frac{\partial F}{\partial y} = (1+i)U'(y\frac{1+i}{1-P_A}) + \lambda = 0,$$

$$\frac{\partial F}{\partial z} = (1+i)U'[z(1+i)] + \lambda = 0,$$

$$\frac{\partial F}{\partial \lambda} = x + y + z - C = 0。$$

显然，$U'(x\frac{1+i}{P_A})=U'(y\frac{1+i}{1-P_A})=U'[z(1+i)]$。有：$x\frac{1+i}{P_A}=y\frac{1+i}{1-P_A}=z(1+i)$。所以，最优解为 $x_0=\frac{1}{2}P_AC$，$y_0=\frac{1}{2}(1-P_A)C$，$z_0=\frac{1}{2}C$。命题成立。

推论 3-6：假定财富服从财富效用的可加性，如果保费精算公平定价并且人们有遗产动机，那么寿险储蓄率为 0.5。

证明：我们用寿险储蓄率来衡量人寿保险占总储蓄的比例，即寿险储蓄率 $\tau=\frac{x+y}{C}$。

显然，结论成立。

推论 3-7：假定财富服从财富效用的可加性，如果保费精算公平定价并且人们有遗产动机，死亡率越低，人们会购买更多的年金。

证明：由于年金最优解为 $y_0=\frac{1}{2}(1-P_A)C$，结论显然成立。

(四) 保费附加定价、人们有遗产动机

显然，式（3-15）的最优问题转化为：

$$E[U(x,y,z)]=P_AU(\frac{x}{1+m}\frac{1+i}{P_A})+(1-P_A)U(\frac{y}{1+n}\frac{1+i}{1-P_A})+U[z(1+i)], \tag{3-21}$$

满足 $x+y+z=C$，$x\geqslant 0$，$y\geqslant 0$，$z\geqslant 0$。

命题 3-8：如果财富服从财富效用的可加性，当保费附加定价并且人们有遗产动机时，人们不会选择财富完全年金化。

证明：最优问题等价于：

$$\underset{(x,y)}{\mathrm{Max}}E[U(x,y)]=P_AU(\frac{x}{1+m}\frac{1+i}{P_A})+(1-P_A)U(\frac{y}{1+n}\frac{1+i}{1-P_A})+U[(c-x-y)(1+i)],\ 0\leqslant x\leqslant C,\ 0\leqslant y\leqslant C。$$

通过计算，可得：$\left.\frac{\partial E}{\partial y}\right|_{y=C}=\frac{1+i}{1+n}U'(\frac{C}{1+n}\frac{1+i}{1-P_A})-(1+i)U'(0)<0$。

这表明，对任意的 x_0， 至少存在一个 $y_0 < C$， 使得 $E[V(x_0, y_0, C - x_0 - y_0)] > E[V(0, C, 0)]$， 命题成立。

我们假定效用函数 $U(x) = \ln x$， 可以得到下面的结论。

推论 3-8：假定财富服从财富效用的可加性，如果保费附加定价并且人们有遗产动机，在效用函数为对数函数时，人们会选择财富部分年金化，并且寿险储蓄率为 0.5。

证明：构造拉格朗日函数如下：

$$F(x, y, z, \lambda) = P_A U(\frac{x}{1+m}\frac{1+i}{P_A}) + (1-P_A)U(\frac{y}{1+n}\frac{1+i}{1-P_A}) + U[z(1+i)] + \lambda(x+y+z-C)$$

则，$\frac{\partial F}{\partial x} = \frac{1+i}{1+m}U'(\frac{x}{1+m}\frac{1+i}{P_A}) + \lambda = 0$， $\frac{\partial F}{\partial y} = \frac{1+i}{1+n}U'(\frac{y}{1+n}\frac{1+i}{1-P_A}) + \lambda = 0$，

$$\frac{\partial F}{\partial x} = (1+i)U'[z(1+i)] + \lambda = 0, \quad \frac{\partial F}{\partial \lambda} = x + y + z - C = 0。$$

有：$\frac{1}{1+m}U'(\frac{x}{1+m}\frac{1+i}{P_A}) = \frac{1}{1+n}U'(\frac{y}{1+n}\frac{1+i}{1-P_A}) = U'[z(1+i)]$。

$U(x) = \ln x$， 有：

$\frac{P_A}{x(1+i)} = \frac{1-P_A}{y(1+i)} = \frac{1}{z(1+i)}$。因此，最优解为 $x_0 = \frac{1}{2}P_A C$， $y_0 = \frac{1}{2}(1-P_A)C$， $z_0 = \frac{1}{2}C$。类似于命题 3-7 和推论 3-6 的证明，结论成立。

推论 3-9：假定财富服从财富效用的可加性，如果保费精算公平定价并且人们有遗产动机，当效用函数为对数函数时，死亡率越低，人们会购买更多的年金。

证明：同推论 3-7。

（五）模型结果

财富效用可加性下的财富型最优模型同样涉及了四种不同状态下的最优储蓄方式的选择。进一步讲，求解最优模型就是寻找年金在总储蓄中的最优配置比。模型结果表明，即使在保费精算公平定价和人们无遗产动机

的最简化状态下，储蓄完全年金化也不是年金在总储蓄中的唯一最优配置比；在大多数其他情况下，储蓄部分年金化是人们的最优选择。

具体地讲，如果人们无遗产动机，无论保费精算公平定价还是附加定价，人们的最优选择都与生者利的大小有关，如果生者利大于储蓄完全年金化时的相对财富边际效用递减程度，那么人们会选择完全年金化，否则人们大多会选择部分年金化。如果人们有遗产动机，储蓄方式选择比最优解的结果却变得简单，模型结果表明储蓄完全年金化肯定不是人们的最优选择，这也从又一个侧面解释了“年金之谜”。

第三节　产品“三率”、税收政策与养老保险最优购买

本书建立的财富型养老保险购买最优模型选取的典型养老保险产品是生存年金，最优模型求解就是寻找年金在储蓄中的最优配置比例（见表 3-2）。无论是按照财富可加性假设还是财富效用可加性假设，大多数状态下的最优解是储蓄的部分年金化，而非“年金之谜”一样的储蓄完全年金化。计算出养老保险的最优购买解后，考察一些重要变量与最优购买量之间的关系就显得尤为重要。

表 3-2　财富型养老保险购买最优模型的结论

状态	保费精算公平定价、无遗产动机		保费附加定价、无遗产动机	
	最优解	经济学含义	最优解	经济学含义
财富可加性	$y = C$	完全年金化	生者利> 0，$y = C$	完全年金化
			生者利< 0，$y = 0$	零年金化
			生者利 = 0，y 不确定	不确定

续表

<table>
<tr><td rowspan="2">状态</td><td colspan="2">保费精算公平定价、无遗产动机</td><td colspan="2">保费附加定价、无遗产动机</td></tr>
<tr><td>最优解</td><td>经济学含义</td><td>最优解</td><td>经济学含义</td></tr>
<tr><td rowspan="4">财富效用可加性</td><td rowspan="2">生者利>财富完全年金化时的相对财富边际效用递减程度（财富完全年金化时的绝对财富边际效用递减程度>死亡率）</td><td rowspan="2">完全年金化</td><td>生者利>财富完全年金化时的相对财富边际效用递减程度</td><td>完全年金化</td></tr>
<tr><td rowspan="2">财富完全债券化时的负绝对财富边际效用递减程度<生者利<财富完全年金化的相对财富边际效用递减程度</td><td rowspan="2">部分年金化</td></tr>
<tr><td rowspan="2">单位生者利<财富完全年金化时的相对财富边际效用递减程度（财富完全年金化时的绝对财富边际效用递减程度<死亡率）</td><td rowspan="2">部分年金化</td></tr>
<tr><td>生者利<财富完全债券化的负绝对财富边际效用递减程度</td><td>零年金化</td></tr>
<tr><td rowspan="2">状态</td><td colspan="2">保费精算公平定价、无遗产动机</td><td colspan="2">保费附加定价、无遗产动机</td></tr>
<tr><td>最优解</td><td>经济学含义</td><td>最优解</td><td>经济学含义</td></tr>
<tr><td>财富可加性</td><td>$[P_A(C-z_0),\ (1-P_A)(C-z_0),\ z_0]$</td><td>部分年金化或者零年金化</td><td>至少存在一个 $y_0 < C$，使 $E[V(x_0,\ y_0,\ C-x_0-y_0)] > E[V(0,\ C,\ 0)]$</td><td>不会完全年金化</td></tr>
<tr><td>财富效用可加性</td><td>$[\frac{1}{2}P_AC,\ \frac{1}{2}(1-P_A)C,\ \frac{1}{2}C]$</td><td>部分年金化</td><td>至少存在一个 $y_0 < C$，使 $E[V(x_0,\ y_0,\ C-x_0-y_0)] > E[V(0,\ C,\ 0)]$</td><td>不会完全年金化</td></tr>
</table>

考虑到最优模型已经通过一系列假设抽象了需求者，如果改变需求者的特征可能会影响最优模型解的合理性①，因此本部分主要考察供给方以及政府方因素对于养老保险最优购买的影响。

一、产品“三率”与养老保险最优购买

产品“三率”是指保险产品设计尤其是寿险产品设计中费率厘定所

---

① 例如，财富型最优模型假定期间内不增加收入，如果强行考察收入与最优购买间的理论关系，不仅与最优解的求解基础相矛盾，而且有着很大的技术困难。毫无疑问，需求方的因素影响着养老保险的购买，为了弥补理论模型研究中的不足，在实证研究中将考察需求因素与养老保险购买之间的关系。

涉及的三个最主要因素，包括死亡率、费用率和利率。由于保险经营具有收入在前、成本在后的特点，人们一般把实际“三率”与预定“三率”差异带来的“三差异”① 视作寿险公司利润的主要来源。由于“三率”是寿险产品价格设计中的主要因子，而价格又是市场经济中供求双方决策的关键信号和重要依据。因此，考察养老保险最优购买离不开对产品“三率”的分析。

（一）死亡率

死亡率是人寿保险产品定价的一个重要因素，有关死亡率与人寿保险购买相关关系的研究可以追溯到四十年前美国著名经济学家斯坦利·费希尔的研究（Fisher，1973）。费希尔建立了一个定期寿险需求模型，证明了死亡率与定期寿险购买的正相关关系。或许有人会说，死亡率越低，人们对于死亡保险的需求越低，这是显而易见的结论。反过来讲，死亡率越低，人们对于生存寿险的需求越高。尽管财富型最优模型的一些结论——推论 3-3、推论 3-5、推论 3-7、推论 3-9 也得出了死亡率与年金购买的反向关系，但我们仍然需要对两者的关系做进一步深入说明。

前文已经证明，生者利是影响人们养老保险购买的重要因素，一般而言生者利越高人们越倾向于购买养老保险。既然生者利 $\psi = \frac{1}{1 - P_A} - 1$ ②，那么它显然和死亡率 P_A 成正比，也就是说，死亡率越高，人们更愿意购买养老保险。这个结论明显与以往研究结果以及财富型最优模型各推论不一致。厘清该差异是明晰死亡率与养老保险最优购买之间关系的关键。

通常来讲，死亡率降低意味着生存率上升，意味着人们领取养老保险给付的可能性更大，人们就更有意愿购买养老保险，反之人们会减少养老保险的购买。然而，生存率的上升，不仅意味着生存人群能够均分的生者

① 包括死差异、费差异和利差异。如果差异带来了营利，则“三差异”被称为死差益、费差益和利差益，如果产生了亏损，则被称为死差损、费差损和利差损。

② 此处的生者利为保费精算公平定价下的公式。当保费附加定价，有关结论不会发生改变。

利总规模[①]变小了，而且参与生者利均分的人数也增加了，使每个存活者对应的生者利会变少，这时人们领取的养老保险给付金变少，人们就会减少养老保险的购买。因此，死亡率与养老保险最优购买之间的关系则取决于愿意购买养老保险的“投资动机冲动”与给付减少的“保障动机郁闷”两种能量的对比。本书新建的财富型最优模型的部分结论中，显然“冲动”的能量要大于“郁闷”，使死亡率与最优年金购买之间呈现反向关系。而且，在保费精算公平定价、无遗产动机的情景状态下，无论是财富可加性还是财富效用可加性假设，人们最优选择中的年金占比解均与死亡率 P_A 成反比（见表 3-2）。然而，具体的相关关系还需要实践予以检验。

（二）费用率

费用率是影响养老产品定价的又一重要因素，实践中一般常用纯费率[②]的一定比例表示。一般而言，费用率越高，对于购买者而言成本越高，购买包括养老保险在内的保险产品的意愿都会下降。

理论模型中大多用附加保费因子来表示费用率。附加保费因子与人寿保险购买之间的关系研究至少可以用两种思路：一是附加保费因子与最优购买之间关系的直接求解；二是对比保费精算公平定价与保费附加定价结论的差别，推断两者之间的关系。加拿大经济学家弗兰克·刘易斯（Lewis，1989）尝试采用第一种思路推导并得到了附加保费因子与定期保险之间的反比关系。虽然从雅瑞（1965）最初的消费型最优模型研究结论中很难发现不同定价方式下人们最优储蓄方式选择的差异，但我们建立的财富型最优模型的结论却表明，保费精算公平定价与保费附加定价下的人们选择有着较大的差别。

当人们没有遗产动机并且财富符合财富可加性假设时，如果定价方式从保费精算公平定价改为保费附加定价，人们的储蓄方式最优选择也会从完全年金化变成了有条件[③]的完全年金化（见表 3-2）。很明显，附加保

① 来源于死亡人群缴纳的保费。

② 即本书中经常用到的保费精算公平定价。

③ 生者利大于 0。

费因子影响着人们的养老保险最优购买选择，使人们选择的年金配置比下降。

如果我们考察生者利这一养老保险购买的代表性指标，同样可以得出类似的结论。保费附加定价方式下的生者利为：$\psi = \frac{1}{(1+n)(1-P_A)} - 1$，显然生者利与附加保费因子 n 成反比，也就是说，附加保费因子越高，人们获得的生者利越少，购买养老保险的意愿越可能下降。

（三）利率

利率是影响养老产品定价的又一个重要因素。由于养老保险合同大都是长期合同，不同利率水平对应的保单价值的积累差异很大，因此对人们而言利率是决定养老保险购买决策的重要依据。无疑，预定利率越高，人们将来取得的给付水平越高，人们越有意愿购买更多的养老保险产品。

正如前文所述，我们提到的投资动机主要体现为人们对生者利的追逐，抽象掉①了人们可能从利差益中获得的投资回报，因此财富型最优模型的一个重要假设是不存在利差异，保险产品的预定利率水平等同于固定收益债券的回报率。此外，从生者利 $\psi = \frac{1}{(1+n)(1-P_A)} - 1$ 的表述看，生者利自身与利率水平也缺乏直接的关联性，因此财富型最优模型的已有结论与利率水平无关。

然而，如果我们放松财富型最优模型不存在利差异的假设，结论将截然不同。这里以财富可加性假设下的第二种情况②为例予以证明。假定年金的预定利率为 j，那么式（3-12）的最优问题转化为：

$$\mathrm{Max}E = \mathrm{Max}\left\{(1-P_A)U\left[y\frac{1+j}{(1+n)(1-P_A)} + (C-y)(1+i)\right]\right\}，满足 0 \leqslant y \leqslant C。 \tag{3-22}$$

命题 3-9：如果财富服从财富的可加性，当保费附加定价并且人们没

① 参见本书第二章第三节的内容。

② 保费附加定价、人们无遗产动机。

有遗产动机时，那么当生者利大于利差异的现值时，人们会选择储蓄完全年金化；当生者利小于利差异的现值时，人们会选择储蓄零年金化；当生者利等于利差异的现值时，人们的储蓄方式选择是不确定的。

证明：对式（3-22）求导，有：

$$\frac{dE}{dy}=\frac{1+i}{1+n}\left[\frac{1+j}{1+i}-(1+n)(1-P_A)\right]U'\left[y\frac{1+j}{(1+n)(1-P_A)}+(C-y)(1+i)\right]。$$

如果单位生者利 $\psi=\frac{1}{(1+n)(1-P_A)}-1>\frac{1}{1+j}(i-j)$，那么 $\frac{dE}{dy}>0$，最优 $y=C$，人们会选择储蓄完全年金化。

如果单位生者利 $\psi=\frac{1}{(1+n)(1-P_A)}-1<\frac{1}{1+j}(i-j)$，那么 $\frac{dE}{dy}<0$，最优 $y=0$，人们会选择储蓄零年金化。

如果单位生者利 $\psi=\frac{1}{(1+n)(1-P_A)}-1=\frac{1}{1+j}(i-j)$，那么 $\frac{dE}{dy}=0$，$\left\{(x,\ y)\middle|\frac{x}{y}=\frac{P_A}{1-P_A},\ 0\leqslant x\leqslant C,\ 0\leqslant y\leqslant C。\right\}$，最优的 y 不确定，人们会选择储蓄完全年金化，或者储蓄部分年金化，或者储蓄零年金化。

如果假定保险公司的实际投资收益率为固定收益债券的利率 i，那么 $(i-j)$ 可以表示保险公司经营的利差异，而 $\frac{1}{1+j}$ 为保单的贴息率，显然 $\frac{1}{1+j}(i-j)$ 为该年金产品利差异的现值。

比较命题 3-2 和命题 3-9，可以得到三点重要结论。第一，人们购买养老保险的一个判断标准是比较生者利和利差异的现值。既然 i 为固定收益债券利率，那么它不仅可以被看作人们自身投资的回报率，而且也可以被视作人们购买养老保险产品所付出的投资机会成本，那么 $\frac{1}{1+j}(i-j)$

就可以理解为人们购买养老保险产品的成本[①]现值。而生者利表示人们购买养老产品的投资动机，可以被看作人们购买养老产品的收益。显然，当购买养老产品的收益大于成本时，人们自然会选择储蓄的完全年金化。第二，根据命题 3-9，如果 $i<j$，那么年金产品存在利差损[②]，有 $\frac{1}{1+j}(i-j)$ 小于0，而生者利 $\psi=\frac{1}{(1+n)(1-P_A)}-1$ 大于0，这时人们会选择储蓄完全年金化，明显放松了命题3-2 完全年金化需要生者利大于0 的前提条件，表明较高的利率水平 j 能够增强人们购买养老保险的意愿。第三，如果 $i>j$，年金产品存在利差益[③]，如果生者利 $\psi=\frac{1}{(1+n)(1-P_A)}-1$ 小于利差益现值 $\frac{1}{1+j}(i-j)$，即使生者利大于0，人们也可能不会选择年金作为储蓄的方式，这表明较低的利率水平 j 会明显减少人们购买养老保险的意愿。后一结论对于中国的保险实践有着重大的实践意义[④]，如果养老保险产品有着较高的利差益，虽然会给保险企业带来更多的利润，但也会很大程度上降低人们对养老保险产品的需求。如果养老保险产品有着较高的利差益，可以通过分红形式返还给购买者，或许这才是中国寿险产品中分红产品一枝独秀的根本原因。

二、税收政策与养老保险最优购买

税收政策影响着寿险需求，早已成为学者们研究特别是实证研究[⑤]的一个重要领域。本部分将对财富型养老保险购买最优模型进行拓展，以期构建具体的税收优惠与养老保险购买之间的关系模型。按照实践中人们公认的税收优惠类别，以遗产税和个人所得税为例建立相关模型。

（一）遗产税

虽然中国目前还没有开征遗产税，但遗产税早已纳入人们的视野，因

① 当 $i>j$ 时，更为典型。
② 利率因素造成了保险公司亏损。
③ 利率因素带来了保险公司营利。
④ 中国寿险产品保持多年的低预定利率上限规则可能限制了人们的保险需求。
⑤ 参见 Beck 和 Webb（2002）以及 Schlag（2003）。

此考察遗产税对于人们购买养老保险乃至定期寿险的作用机理仍然有着重要理论意义。

1. 遗产动机与养老保险最优购买

研究遗产税与养老保险购买关系的前提是人们具有遗产动机。如果没有遗产动机，人们的决策显然不会考虑遗产税因素。诺贝尔经济学奖获得者、英裔塞浦路斯籍著名经济学家克里斯托弗·皮萨里德斯（Pissarides，1980）曾将遗产看成人们在死亡之前所积累的财富，巧妙地研究了人们购买人寿保险①与这种遗产财富间的关系。之前，在美国著名经济学家斯坦利·费希尔（Fisher，1973）的模型中，他证明了遗产动机与定期寿险需求呈正比关系。也就是说，如果人们越倾向于留下遗产，那么就会购买越多的定期寿险。

遗产动机与定期寿险的正向关系早已成了学界和业界不容置疑的结论，但遗产动机与养老保险购买之间的关系还不明确。这是因为，一方面，遗产动机驱动人们购买定期寿险，在财富约束的条件下可能会减少养老保险的购买量；另一方面，如果考虑遗产税的因素，那么人们获得的非保险类资产所得也会因死亡而打折，这也会提升养老保险对人们的吸引力度。

当然，在不考虑遗产税的情况下，遗产动机会减少人们购买养老保险的意愿。我们比较命题 3-1 和命题 3-3 后发现，在财富可加性假设下，遗产动机因素的加入使人们的最优储蓄配置选择从完全年金化变为部分年金化（见表 3-2）。

2. 模型

假定财富服从财富可加性，保费精算公平定价，人们有遗产动机，遗产税率为 T_b，显然，有：

$$E[V(x, y, z)] = P_A U[x \frac{1+i}{P_A} + z(1+i)(1-T_b)] + (1-P_A)U[y \frac{1+i}{1-P_A} + z(1+i)],$$

① 这里是指狭义的人寿保险，可以理解为定期寿险。

满足 $x+y+z=C$，$x\geqslant 0$，$y\geqslant 0$，$z\geqslant 0$。

那么，式（3-13）的最优问题转化为：

$$\mathrm{Max}E[V(x,y)]=\mathrm{Max}\{P_AU[x\frac{1+i}{P_A}+(C-x-y)(1+i)(1-T_b)]+(1-P_A)U[y\frac{1+i}{1-P_A}+(C-x-y)(1+i)]\} \tag{3-23}$$

满足 $0\leqslant x\leqslant C$，$0\leqslant y\leqslant C$。

命题 3-10：如果财富服从财富的可加性，当保费精算公平定价并且人们有遗产动机时，人们会选择储蓄完全年金化或者储蓄零年金化。

证明：分别对式（3-23）的 x、y 求偏导，有：

$$\frac{\partial E}{\partial x}=(1-P_A+P_AT_b)(1+i)U'[x\frac{1+i}{P_A}+(C-x-y)(1+i)(1-T_b)]-(1-P_A)(1+i)U'[y\frac{1+i}{1-P_A}+(C-x-y)(1+i)],$$

$$\frac{\partial E}{\partial y}=-P_A(1+i)\{(1-T_b)\{U'[x\frac{1+i}{P_A}+(C-x-y)(1+i)(1-T_b)]-U'[y\frac{1+i}{1-P_A}+(C-x-y)(1+i)]\}。$$

令 $\frac{\partial E}{\partial x}=0$，则有：

$$(1-P_A+P_AT_b)U'[x\frac{1+i}{P_A}+(C-x-y)(1+i)(1-T_b)]=(1-P_A)U'[y\frac{1+i}{1-P_A}+(C-x-y)(1+i)]。 \tag{3-24}$$

令 $\frac{\partial E}{\partial y}=0$，则有：

$$(1-T_b)U'[x\frac{1+i}{P_A}+(C-x-y)(1+i)(1-T_b)]=U'[y\frac{1+i}{1-P_A}+(C-x-y)(1+i)]。 \tag{3-25}$$

式（3-24）除以式（3-25），可得：$T_b=0$。显然，驻点不存在。

若 $x=0$，有：

$E[V(x, y)]=P_AU[(C-y)(1+i)(1-T_b)]+(1-P_A)U[y\frac{1+i}{1-P_A}+(C-y)(1+i)]$。

那么，对 y 求导，有：

$\frac{dE}{dy}=P_A(1+i)\{U'[y\frac{1+i}{1-P_A}+(C-y)(1+i)]-(1-T_b)U'[(C-y)(1+i)(1-T_b)]\}$，

显然 $x=0$ 时的临界域取决于 T_b 的大小，当 T_b 较小时，$\frac{dE}{dy}\leqslant 0$，可选最优解为 $E_{max}=E[V(0, 0, C)]=P_AU[C(1+i)(1-T_b)]+(1-P_A)U[C(1+i)]$；当 T_b 较大时，$\frac{dE}{dy}\geqslant 0$，可选最优解为 $E_{max}=E[V(0, C, 0)]=(1-P_A)U(C\frac{1+i}{1-P_A})$。

当 $y=0$ 时，有：

$E[V(x, y)]=(1-P_A)U[(C-x)(1+i)]+P_AU[x\frac{1+i}{P_A}+(C-x)(1+i)(1-T_b)]$。

那么，对 x 求导，有：

$\frac{dE}{dx}=(1+i)\{[1-P_A(1-T_b)]U'[x\frac{1+i}{P_A}+(C-x)(1+i)(1-T_b)]-(1-P_A)U'[(C-x)(1+i)]\}$

显然 $y=0$ 时的临界域也取决于 T_b 的大小，当 T_b 较小时，$\frac{dE}{dy}\leqslant 0$，可选最优解为 $E_{max}=E[V(0, 0, C)]=P_AU[C(1+i)(1-T_b)]+(1-P_A)U[C(1+i)]$；当 T_b 较大时，$\frac{dE}{dy}\geqslant 0$，可选最优解为 $E_{max}=E[V(C, 0, 0)]=P_AU(C\frac{1+i}{P_A})$。

对比临界域的函数值，我们知道，当 T_b 较小时，人们会选择储蓄零年金化（$z_0 = C$）；当 T_b 较大并且 $(1-P_A)U(C\frac{1+i}{1-P_A}) \geqslant P_AU(C\frac{1+i}{P_A})$ 时，人们会选择储蓄全部年金化（$y_0 = C$）；当 T_b 较大并且 $(1-P_A)U(C\frac{1+i}{1-P_A}) \leqslant P_AU(C\frac{1+i}{P_A})$ 时，人们会选择储蓄零年金化（$x_0 = C$）。因此，命题 3-10 成立。

从命题 3-10 的证明中，可以看出，遗产税影响着人们的储蓄最优选择，当遗产税很高时，或者养老保险或者定期寿险是人们的最优选择。

（二）个人所得税

假定个人所得税为单一税率 T_i，保险给付不缴纳所得税。当财富服从财富可加性，保费附加定价并且人们无遗产动机时，有：

$$E[V(x, y, z)] = E[V(y, z)] = (1-P_A)U[y\frac{1+i}{(1+n)(1-P_A)} + z(1+i)],$$

满足 $y + \frac{z}{1-T_i} = C$，$y \geqslant 0$，$z \geqslant 0$。

则式（3-12）的最优问题转化为：

$$\mathrm{Max}E = \mathrm{Max}\{(1-P_A)U[y\frac{1+i}{(1+n)(1-P_A)} + (C-y)(1-T_i)(1+i)]\},$$

满足 $0 \leqslant y \leqslant C$。（3-26）

命题 3-11：如果财富服从财富的可加性，当保费附加定价并且人们没有遗产动机时，那么当生者利大于负的所得税税率时，人们会选择储蓄完全年金化；当生者利小于负的所得税税率时，人们会选择储蓄零年金化；当生者利等于负的所得税税率时，人们的储蓄方式选择是不确定的。

证明：对式（3-26）求导，有：

$$\frac{\mathrm{d}E}{\mathrm{d}y} = \frac{1+i}{1+n}[1-(1+n)(1-P_A)(1-T_i)]U'[y\frac{1+i}{(1+n)(1-P_A)} + (C-y)(1-T_i)(1+i)]。$$

如果单位生者利 $\psi = \frac{1}{(1+n)(1-P_A)} - 1 > -T_i$，那么 $\frac{dE}{dy} > 0$，最优 $y = C$，人们会选择储蓄完全年金化。

如果单位生者利 $\psi = \frac{1}{(1+n)(1-P_A)} - 1 < -T_i$，那么 $\frac{dE}{dy} < 0$，最优 $y = 0$，人们会选择储蓄零年金化。

如果单位生者利 $\psi = \frac{1}{(1+n)(1-P_A)} - 1 = -T_i$，那么 $\frac{dE}{dy} = 0$，最优的 y 不确定，人们会选择储蓄完全年金化，或者储蓄部分年金化，或者储蓄零年金化。

对比命题 3-2 和命题 3-11，当考虑个人所得税时，储蓄完全年金化的成立条件明显放松，生者利不需要为正，而只要大于负的个人所得税税率即可。如果把负的个人所得税税率看作财富的税收成本，那么可以得到一个重要结论：只要生者利能够弥补财富的税收成本，人们就会选择储蓄完全年金化。该结论也表明，人们购买养老保险可以产生避税效果。

第四章
养老保险购买的国际实证

一直以来，学者们更关注人寿保险需求影响因素的实证研究，研究成果众多，作为解释变量的影响因素涉及经济、政治法律和社会因素等①方面十种（Hussels 等，2003），但把养老保险需求作为被解释变量研究进行实证研究的文献还不多见。与以往寿险需求影响因素实证的研究思路有所不同，本书认为保障动机、储蓄动机和投资动机直接影响着养老保险购买，而不少被学者们使用的因素实际上是通过影响具体购买动机而间接影响需求②。因此，本章尝试选择代表性指标，实证检验三大动机对于养老保险购买的影响效应。

第一节 三大动机的实证检验：OECD 数据③

保障动机、储蓄动机和投资动机是否合理，需要在实践中进行检验。本节使用经济合作与发展组织（Organization for Economic Cooperation and Development，OECD）20 个国家 2007—2019 年的面板数据，实证检验了养老保险购买的三大动机。

一、变量的选取

同已有的人寿保险需求实证研究类似，本书也用保费规模衡量养老保险的购买。其中，三大动机代表性指标的合理选择是实证研究结果是否合理的关键，选择的具体理由如下。

（一）不同动机对应的变量

1. 保障动机指标：老年人口数量

保障动机是指人们通过购买养老保险以避免未来的老年生活质量下

① Beck 和 Webb（2003）将涉及实证研究的人寿保险需求影响因素分为人口、经济、制度三类。

② 比如教育水平高的人们收入水平更高，会有能力选择更多的储蓄。因此，教育水平间接影响着养老保险购买的储蓄动机，而收入水平直接影响着人们的储蓄动机。

③ 本节的合作者还包括湖北经济学院的研究生蔡玉。

降。换句话讲，人们如果越觉得老年生活质量得不到保障，购买养老保险的保障动机就会越强烈。一般来讲，一国的老年人口数量越多，社会基本保障支出的财政压力越大，通过市场手段来解决养老保险压力的动力越足。或者说，人们的养老忧虑与一个国家的老年人口数量息息相关。因此，选择老年人口数量作为保障动机的代表性指标显而易见较为合理，预期其与保费规模呈正向关系。

2. 储蓄动机指标：人均 GDP

储蓄动机是指人们选择养老保险的储蓄方式来实现更长生命周期的最优消费。经济学理论告诉我们，人们的储蓄与收入有着密切联系，边际储蓄倾向（Marginal Propensity to Saving，MPS）就是衡量储蓄与收入关系的经典指标。因此，人均收入越高，用于储蓄的额度会越高，那么选择养老保险储蓄方式的配置额也会增加。因此，使用人均 GDP 衡量可行，同样预期其与保费规模呈正向关系。

3. 投资动机指标：老龄化程度①

投资动机主要是指人们购买养老保险寻求获得生者利。我们知道生者利②$\psi = \frac{1}{1 - P_A} - 1$，死亡率 P_A 与生者利呈正向关系，同样可以认为生存率与生者利呈反向关系。当一个国家的老龄化程度越高时，一般可以认为该国 65 岁以上人口死亡率越低，因此，使用老龄化程度代表养老保险的投资动机能够成立，并且预期老龄化程度与保费规模呈反向关系。

（二）控制变量

控制变量主要是指利率。养老保险的定价会受利率影响进行调整确认，会对养老保险的购买产生影响。同时对于支出的利益部分也会受利率的改变从而与其他金融投资产品相对收益发生变化。因此考虑利率变动对养老保险产品购买的影响，并通过通货膨胀率对利率进行调整。

① 事实上，老龄化程度也可以测度保障动机。由于缺乏生存率（死亡率）的数据，因此用老龄化程度刻画投资动机。

② 保费精算定价。

二、实证模型及其结果

（一）数据来源

面板数据也称为平行数据，是指在同一段时间跟踪同一组个体数据，它既有横截面维度 n，也有时间维度 T。面板数据具有样本容量大，同时提供多个个体的动态信息以及防止遗漏变量等优点，所以本书采用面板作为数据支持。本书采用的数据面板 T 是 2007—2019 年，时间维度较长，截面维度 n 是选取了 20 个国家，更具有说明性。数据均来自 OECD 数据库，样本区间为 2007—2019 年，样本国家包括奥地利、加拿大、智利、哥伦比亚、立陶宛、捷克、芬兰、德国、匈牙利、冰岛、意大利、墨西哥、荷兰、波兰、葡萄牙、西班牙、瑞典、瑞士、英国、美国共 20 个国家。

（二）变量定义

我们选取老龄化程度、人均 GDP、老年人口数量作为解释变量，分别代表保障动机、储蓄动机和投资动机，选取利率作为控制变量，并使用养老保险的典型产品——年金保险的保费规模作为被解释变量，为减少数据的波动性，建立了对数模型，如下：

$$
\begin{aligned}
Annuities = & \alpha_0 + \alpha_1 SecMotive_{it} + \alpha_2 SavMotive_{it} \\
& + \alpha_3 FinMotive_{it} + \alpha_4 R_{it} + \mu_{it} \qquad (4\text{-}1)
\end{aligned}
$$

式（4-1）中，*Annuities* 表示名义的商业年金规模（百万美元）；*SecMotive* 为保障动机，用 65 岁及以上人口数量（千人）表示；*SavMotive* 为储蓄动机，用名义的人均 GDP（美元）表示，*FinMotive* 为投资动机，用老龄化程度——65 岁以上人口比表示；R 为根据通货膨胀率调整后的利率；u 为随机干扰项；i 表示第 i 个样本国家；t 表示年份。其中，人均 GDP 已按照购买力平减指标进行了调整。

变量具体描述如表 4-1 所示。

表 4-1 指标选取

变量性质	变量名称	变量含义	变量符号	变量单位
被解释变量	商业年金保费	商业年金保费	*Annuities*	百万美元
核心解释变量	人均 GDP	名义的人均 GDP	*SavMotive*	美元
	老龄化程度	65 岁及以上人口数/总人数	*SecMotive*	%
	老年人数量	65 岁及以上人口数量	*FinMotive*	千人
控制变量	利率	根据通货膨胀率调整后的利率	*R*	%

（三）实证分析

1. 描述性统计

表 4-2 为所有变量的描述性统计结果。总体样本共有 260 个，但是部分变量存在缺失值的情况，因此表 4-2 呈现的是扣除各变量缺失值后的 217 个样本的情况。

由描述性统计分析表可以看出，商业年金保费（*Annuities*）的最大值为 302021，最小值为 0，最大值与最小值相差较大，可以看出不同样本之间 *Annuities* 的变化波动较大。人均 GDP（*SavMotive*）最大值为 72034，最小值为 10399，最大值与最小值相差较大，说明不同国家之间人均 GDP 之间差异较大，但是其均值和中位数偏差不大，说明数据分布合理。65 岁及以上人口数量（*FinMotive*）最大值为 54058，最小值为 35. 60，最大值与最小值之间的差异也比较大，说明不同样本之间 65 岁及以上人口数量的变化波动较大。65 岁以上人口比（*SecMotive*）的均值为 16. 20，中位数为 17. 09，两者偏差不大，分布较为合理，但是最大值为 23. 06，最小值为 6. 120，两者之间还是存在一定的差异。另外，各样本之间的利率也呈现不同程度的差异，其中最大值为 10. 55，最小值为-0. 490。

表 4-2 变量的描述性统计

variable	*N*	*mean*	*p50*	*sd*	*min*	*max*
Annuities	217	20427	1597	57413	0. 000	302021
SavMotive	217	37209	38432	13505	10399	72034
FinMotive	217	6846	2260	10307	35. 60	54058

续表

variable	N	mean	p50	sd	min	max
SecMotive	217	16. 20	17. 09	4. 151	6. 120	23. 06
R	217	3. 433	3. 140	2. 285	-0. 490	10. 55

2. 相关性分析

相关分析是描述客观事物相互间关系的密切程度，并用适当的统计指标表示出来的过程。相关系数的取值在［-1，1］，两者相关系数的绝对值越大，说明两个变量之间的相关性就越强。为了分析各个变量之间的关系以及检验变量之间是否存在多重共线性问题，对各变量进行相关分析，为之后的回归分析做准备。

表 4-3　相关性分析

	Annuities	SavMotive	FinMotive	SecMotive	R
Annuities	1. 000				
SavMotive	0. 357 *** (0. 0000)	1. 000			
FinMotive	0. 924 *** (0. 0000)	0. 297 *** (0. 0000)	1. 000		
SecMotive	-0. 039 (0. 5667)	0. 539 *** (0. 0000)	0. 027 (0. 6943)	1. 000	
R	-0. 137 ** (0. 0435)	-0. 799 *** (0. 0000)	-0. 112 * (0. 0991)	-0. 611 *** (0. 0000)	1. 000

注：*** 、** 、* 分别表示 1%、5%、10%的显著水平。

由表 4-3 相关性分析可以看出，被解释变量 *Annuities* 与各解释变量和主要控制变量之间呈显著的相关关系，*Annuities* 与 *SavMotive* 的相关系数为 0. 357，*Annuities* 与 *FinMotive* 的相关系数为 0. 924，且都呈显著正相关关系，表明商业年金保费与人均 GDP 和 65 岁及以上人口数量正相关，但是被解释变量 *Annuities* 与 65 岁以上人口比和利率呈显著负相关关系。

3. Hausman 检验

面板数据模型分为随机效应模型、固定效应模型和混合效应模型三种，可以通过 F 检验和 Hausman 检验来进行选择。本书运用的是 Hausman 检验，该检验是区分固定效应和随机效应的方法，其原假设 H0 为个体效应与回归变量无关即随机效应回归模型，H1 为个体效应与回归变量相关即固定效应回归模型。检验结果如表 4-4 所示。

表 4-4　Hausman 检验结果

	(*b*) *fe*	(*B*) *re*	(*b-B*) *Difference*	*sqrt* (*diag* (*V_b-V_B*)) *S. E.*
SavMotive	0. 3273145	0. 2700135	0. 057301	0. 0701403
FinMotive	1. 869184	3. 321025	-1. 451841	0. 3227227
SecMotive	-2053. 329	-2736. 293	682. 965	420. 6137
R	294. 0494	-31. 76907	325. 8184	155. 4142
_cons	27695. 22	32222. 67	-4527. 452	2511. 29

Hausman 检验结果 Prob>chi2 = 0. 0000，由于检验的 P 值为 0，小于 0. 05，强烈拒绝原假设，而 Hausman 检验的原假设为个体效应与解释变量不相关，因此应该选择固定效应模型进行估计。

4. 回归性分析

本书采用面板数据，不仅可以提高数据的全面性，也可以增加模型的自由度，从而进一步降低变量之间的多重共线性。模型回归结果如下：

表 4-5　固定效应回归结果

VARIABLES	固定效应模型
SavMotive	0. 327*
	(0. 183)
FinMotive	1. 869***
	(0. 441)
SecMotive	-2053. 3***
	(768. 9)
R	294. 0
	(474. 3)

续表

VARIABLES	固定效应模型
Constant	27695.2**
	(11264.0)
Observations	217
R-squared	0.136

注：***、**、*分别表示1%、5%、10%的显著水平。

从表4-5固定效应模型回归结果分析表中可以看出，人均GDP对商业年金保费的影响在10%水平上显著，并且系数为正，即0.3273145。国内生产总值，其变化可反映中国经济发展综合水平。一般而言，人寿保险市场作为国民经济的一部分，宏观经济增长会促进寿险业发展，经济发展水平是寿险业发展的现实基础和重要支撑。本书也证实了这一点，当人们的人均收入越高时，用于储蓄的额度会越高，那么选择养老保险储蓄方式的配置额也会增加。

65岁及以上人口数量对商业年金保费的影响在1%水平上显著，并且系数为正，即1.869184，说明当老年人数量越多时会促进人们购买商业年金保费。老年人由于人体机能和免疫力的下降，会更有可能受到疾病侵扰，同时老年人一般也会缺乏正常的收入来源，所以老年人为了降低、分散风险以及减轻子女的负担等因素的考虑，其自身或者家庭会为其选择人寿保险产品来分散风险。此外，随着老年人数量的不断增多，政府也会鼓励人们购买商业人寿保险，以期分散降低风险，减轻政府财政压力。人们的预期寿命也会不断提高，购买人寿保险等具有储蓄性质的产品将会变得愈加划算，因此老年人数量增多会促进人们购买商业年金保费。

65岁及以上人口比对商业年金保费的需求在1%的显著性水平上为负。一般来说，与年轻人相比，老年人口的患病风险和死亡风险都相对较高，身体状况相对较差，通常可能需要更多的保障来规避风险，而从回归结果来看，65岁及以上人口比越高，购买商业年金保费的可能性越小。这主要是因为一方面随着年龄的增长购买保险的保费也会更高，人们因为价格不愿意再继续购买，故老年人口占比高会抑制寿险和健康险的需求；

另一方面，当老龄化程度越大时，人们所能获得的投机利益就越少，这样商业年金保费购买力度就越小。

控制变量利率 R 对商业年金保费的影响不显著，说明 R 不是提高商业年金保费的主要考虑因素。

5. 工具变量回归

本书在研究老龄化程度和商业年金保费关系时，可能会产生内生性问题。当人们老龄化程度越高时，人们购买保险的保费也会更高，这会抑制人们对商业年金保费的购买；同时，商业保险公司通常会限制被保险人的投保年龄来控制保险公司可能面临的风险，超过一定年龄界限的人口一般都会被保险公司拒保。

为了克服以上内生性问题，本书采用工具变量法进行稳健性检验。考虑到男女性在风险意识与寿命长短有所差异，女性往往比男性更具有风险意识且寿命更长，可能更愿意购买商业年金保费，因此使用 65 岁及以上有良好健康状况的女性占比（*FinMotive_w*）[①] 可以作为 65 岁及以上人口数量（*FinMotive*）的工具变量，使用二阶段最小二乘法（2sls）对模型进行检验，对于第一、第二阶段的结果在表 4-6 中可以看到。

表 4-6　二阶段最小二乘法的回归结果

VARIABLES	(1) *first stage* *FinMotive*	(2) *second stage* *Annuities*
SavMotive	0.1066	0.7957**
	(0.132)	(0.318)
FinMotive		4.4453***
		(0.667)
FinMotive_w	175.9257***	
	(59.543)	

① 墨西哥、哥伦比亚等国家存在缺失值情况，故进行二阶段最小二乘法回归时只有 190 个样本。

续表

VARIABLES	(1) first stage FinMotive	(2) second stage Annuities
SecMotive	447.3279	-4199.3226***
	(331.935)	(529.312)
R	1076.8461**	648.5709
	(536.755)	(1308.725)
Constant	-15367.4713**	30120.2290*
	(7427.171)	(15668.927)
Observations	190	190
R-squared	0.149	0.889

注：***、**、*分别表示1%、5%、10%的显著水平。

表4-6中第2、第3列给出了工具变量的回归结果，其中从第2列可以看出，65岁及以上有良好健康状况的女性占比（*FinMotive_w*）与65岁及以上人口数量（*FinMotive*）显著正相关，说明65岁及以上有良好健康状况的女性占比（*FinMotive_w*）可以作为65岁及以上人口数量（*FinMotive*）的工具变量。从第3列可以看出，65岁及以上人口数量（*FinMotive*）对商业年金保费（*Annuities*）的工具变量回归结果依然在1%水平上显著正相关，与前文结论一致，证明了前文结论的稳健性。

6. 稳健性检验

首先，本书在选取65岁及以上人口数量的替代变量时，选择了使用65岁及以上有良好健康状况的女性占比数量作为老年人口数量对商业年金保费的影响。因此，在利用替换变量法进行稳健性检验时，本书选取了65岁及以上有良好健康状况的男性占比数量作为老年人口数量对商业年金保费的影响进行量化，再次进行回归分析。

从表4-7可以发现，无论是解释变量还是控制变量的回归系数符号、大小（边际效应符号、大小）以及显著性水平回归结果与之前的回归结果基本一致，也就是说基准模型的设定是稳健的。

表 4-7 稳健性检验

VARIABLES	(1) first stage FinMotive	(2) second stage Annuities
SavMotive	0. 2166	0. 9665**
	(0. 143)	(0. 463)
SecMotive	208. 7636	-4315. 7189***
	(346. 875)	(523. 872)
R	1122. 7135*	1624. 4101
	(599. 849)	(1637. 556)
FinMotive_m	114. 8044	
	(69. 860)	
FinMotive		4. 7120***
		(1. 105)
Constant	-13914. 1545*	19142. 3624
	(8266. 067)	(17561. 033)
Observations	180	180
R-squared	0. 105	0. 902

注：***、**、*分别表示 1%、5%、10%的显著水平。

三、实证结论

通过对实证结果进行分析，可以得到以下结论：

第一，养老保险购买的三大动机有着较强的实证基础。从表 4-5 的实证结果可以看出，模型的拟合效果很好，并且三大动机的代表性指标的拟合程度也比较好，同时控制变量结果表明为非主要考虑因素，与预期完全一致。因此，养老保险购买三大动机的界定可以成立。

第二，老年人口数量和收入状况是激发人们购买养老保险的两大重要因素。实证模型结果表明，老年人口数量和人均 GDP 的增加都能够带来年金规模更多的增长，即老年人口数量越多、经济越发达，人们越愿意购买养老保险，这两个结果也与以往的寿险需求实证结论相符。

第三，老龄化程度的增加会减少人们购买养老保险的动力。当老龄化程度越高时，表示其死亡率在降低，那么购买者会认为自己获得的生者利会减少，因此他会减少养老保险的购买。

第二节　税收政策的实证研究：美国数据

本节通过美国 1977—2011 年的时间序列数据，考察了税收优惠与养老保险实际购买量之间的相关关系。与上一节实证研究使用名义数据有所不同，本节的实证数据为调整过的实际数据，克服了通货膨胀的影响。

一、变量的选取

（一）三大动机指标

保障动机指标和储蓄动机指标的选择与上一节有所差异，分别采用老龄化程度[①]和人均 GDP，也预期它们都与保费规模呈正向关系。投资动机指标使用预期寿命，与上一节类似，预期其与保费规模呈反向关系。

（二）税收政策指标：税收抵扣额

税收递延[②]是商业养老保险税收优惠的国际惯例。1974 年，美国立法[③]对个人年金账户实施税收递延促成了美国个人年金业务的发展（见图 4-1），因此税收递延的标准——税收抵扣额可以用作税收政策的代表指标。由于名义税收递延额并不是每年发生变化，因此对名义数据进行通胀调整并将年度增加额作为解释变量可能更为有效，预期该指标与保费规模呈正向关系。

① 与上一节不同，老龄化程度指标此处度量保障动机，结论或许会有争议，未来的深入研究会予以统一。

② 投保人的缴费额一定标准内可以在个人所得税税前抵扣，等领取养老金时再按税率表缴税。

③ 第八章第一节会有详细介绍。

二、实证模型及其结果

本书选取老龄化程度、人均 GDP、预期寿命和税收抵扣额作为解释变量，分别代表保障动机、储蓄动机、投资动机和税收政策，并使用个人年金保险保费规模作为被解释变量。为减小数据的波动性，同样建立了对数模型。考虑到人们会对于税收优惠的变化更敏感，因此对税收优惠指标采取差分处理。模型如下：

$$\ln Annuities_t = \beta_0 + \beta_1 \ln SecMotiveis_t + \beta_2 \ln SavMotive_t + \beta_3 \ln FinMotive_t + \beta_4 D(\ln TaxDe_t) + \mu_t \quad (4-2)$$

式（4－2）中，*Annuities* 表示实际个人年金保费（百万美元）；*SecMotive* 为保障动机，用老龄化程度——65 岁以上人口比表示；*SavMotive* 为储蓄动机，用实际人均 GDP（美元）表示，*FinMotive* 为投资动机，用预期寿命表示；*TaxDe* 为税收政策指标，用税收抵扣额（美元）表示；u 为随机干扰项；t 表示年份；D 表示差分。其中，人均 GDP 为 2005 年不变美元数据，保费和税收抵扣额均以 2005 年为基准按照世界银行数据库中的相关 GDP 平减指数进行了调整。

解释变量中的税收抵扣额数据来自美国财政部国内税收署（Internal Revenue Service），其他数据均来自世界银行数据库；个人年金保费数据来自 ACLI（见表 4-8）；样本区间为 1977—2011 年。

表 4-8　美国个人年金保费（1977—2011 年）　　单位：百万美元

年份	保费	年份	保费	年份	保费	年份	保费
1977	4552	1986	26117	1995	77370	2004	172140
1978	4454	1987	33764	1996	84067	2005	167032
1979	4976	1988	43784	1997	90192	2006	187083
1980	6296	1989	49407	1998	95446	2007	192503
1981	10290	1990	53665	1999	115621	2008	208965
1982	15196	1991	51671	2000	143071	2009	128853
1983	14003	1992	61348	2001	141656	2010	189946
1984	15706	1993	76987	2002	168428	2011	217837

续表

年份	保费	年份	保费	年份	保费	年份	保费
1985	20891	1994	80832	2003	165943		

资料来源：ACLI。

从实证结果（见表4-9）看：模型的 R^2 为0.972，表明整体拟合效果较好。t 检验结果表明，保障动机指标、储蓄动机指标同样与保费呈显著正相关，弹性系数分别为8.97和5.087；投资动机指标仍然与保费呈显著负相关，弹性系数为23.49；差分后的税收政策指标与保费呈显著正相关，弹性系数为0.89。具体来讲，老龄化程度、人均GDP、税收抵扣的变化与个人年金保费呈明显正向关系，预期寿命与个人年金保费呈明显反向关系，也与预期完全一致。

表4-9　基于美国数据的税收优惠效应实证结果

Dependent Variable：LOG（Annuities） Method：Least Squares Sample（adjusted）：1978—2011年				
Variable	Coefficient	Std. Error	t-Statistic	Prob.
C	37.38084	18.99511	1.967919	0.0587
LOG（SecMotive）	8.974610	1.095464	8.192523	0.0000
LOG（SavMotive）	5.087449	0.573794	8.866336	0.0000
LOG（FinMotive）	-23.49150	5.827248	-4.031320	0.0004
D（LOG（TaxDe））	0.891275	0.282336	3.156790	0.0037
R-squared	0.972126	Mean dependent var		11.23272
Adjusted R-squared	0.968281	S. D. dependent var		0.883210
S. E. of regression	0.157298	Akaike info criterion		-0.726295
Sum squared resid	0.717538	Schwarz criterion		-0.501831
Log likelihood	17.34702	F-statistic		252.8470
Durbin-Watson stat	1.207806	Prob（F-statistic）		0.000000

三、实证结论

通过对实证结果进行分析，可以得到以下结论：

第一，三大动机及其与养老保险购买的关系得到进一步证实。从表4-4的实证结果可以看出，模型的拟合效果较好，三大动机的代表性指标的拟合程度也比较理想，同样与预期完全一致。所以说，上一节的实证结果进一步得到了美国时间序列数据的支持。

第二，税收优惠能够提高人们的养老保险购买。实证结果显示，个人年金保费规模与税收抵扣增加额正相关，表明对于年金保费缴费的税前抵扣能够促进人们购买养老保险。这一结论同样可以被美国年金保费“第二次世界大战”后的增速变化所佐证。如图4-1所示，美国名义年金保费的五年增速从20世纪60年代后五年的64.65%激增为70年代前五年的173.18%[①]，其背景在于1974年《雇员退休收入保障法》有关个人退休金账户税收优惠政策的实施。

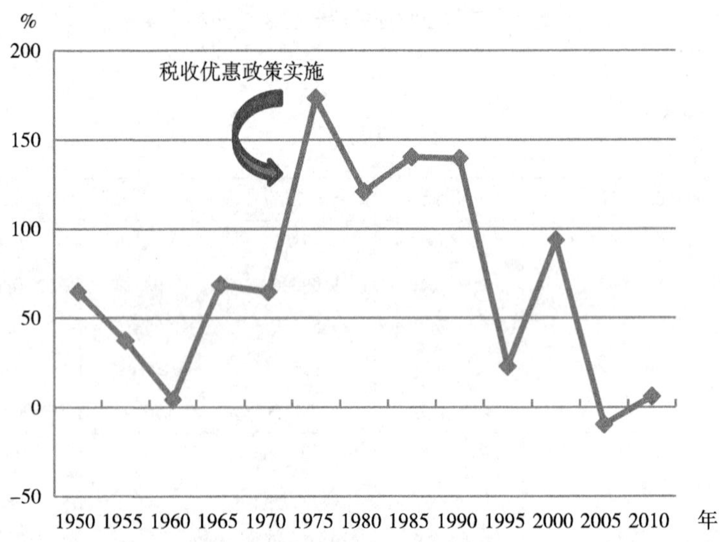

图4-1 “第二次世界大战”以来美国年金保费五年增速

（资料来源：依据ACLI数据计算）

① 1972—1975年的实际个人年金保费增长率分别为17.1%、8.15%、3.39%、26.87%，同样可以佐证1974年《雇员退休收入保障法》有关税收优惠政策的规定对于养老保险购买起到的关键作用。增长率为作者自行计算，数据转引自Poterba. The History of Annuities in the United State [R]. NBER Working Paper，1997。

第五章

养老保险购买的中国实践

1982 年中国人身保险业复业，当年的全国保险工作会议决定由上海开始试办针对集体企业职工和个体户的养老年金保险。尽管按照今天的标准，上海当年试办的养老年金保险的对象是集体企业的职工，应该属于团体养老保险的范围，但仍然被学者们公认为改革开放后中国商业养老保险的拓荒之举，当年投保人缴纳的保费仅 11 万元；2012 年，中国的个人年金和团体年金保费合计缴纳约 1319 亿元；2019 年，中国个人商业养老保险仍未达到 1500 亿元。

保费是养老保险购买的代表性指标，也是养老保险发展规模的关键指标。通过分析保费规模，可以在养老保险购买与商业养老保险业务之间建立稳固的桥梁。因此，分析商业养老保险业务的发展过程在一定程度上也可以视同考察养老保险购买在中国的实践历程。

第一节 商业养老保险业务的历史实践

四十年来，似乎可以得出商业养老保险年均增速惊人的结论。然而，如果进一步全面深入考察保费指标，不难发现商业养老保险业务的发展历程并不是一帆风顺的，它既有过风光无限，也有过艰难坎坷。根据商业养老保险业务的起伏，可以将其划分为恢复期（1982—1992 年）、爬坡期（1993—2005 年）和增长期（2006 年至今）三个阶段（见图 5-1）。

图 5-1 中国商业养老保险业务的三个阶段

一、恢复期：1982—1992 年

1982 年，中国人身保险开始恢复试办，当时的业务主要是三类：团

体人身意外险、简易人身险和养老年金保险。试办第一年，人身保险保费共 159 万元[①]，其中，团体人身意外险保费 127 万元，占 79. 87%；简易人身险保费 21 万元，占 13. 21%；养老年金保险保费 11 万元，仅占 6. 92%。1984 年 11 月，国务院批转中国人民保险公司《关于加快发展我国保险事业的报告》，指出“实施城镇集体企业职工的法定养老保险，使城镇集体企业职工的退休养老工作社会化”。并且还指出“对于城镇个体户和农村‘两户一体’的养老保险……准备逐步办理。”根据国务院的要求，当时的中国人民保险公司开始把养老年金业务摆在重要地位，当作为人民群众造福、为现代化建设服务的大事来抓。作为这一时期养老保险的主体，养老年金业务总量开始迅速增长，保费规模 1984 年超过 5000 万元，1985 年约 2. 6 亿元。之后数年，除了 1989 年 21%和 1991 年 39. 8%的稍低增速，其他年份保费增速都超过了 50%，养老年金保费呈爆发式增长（见图 5-2）。1992 年，养老年金保费增至约 60 亿元，达到了一个历史高点（见图 5-3）。

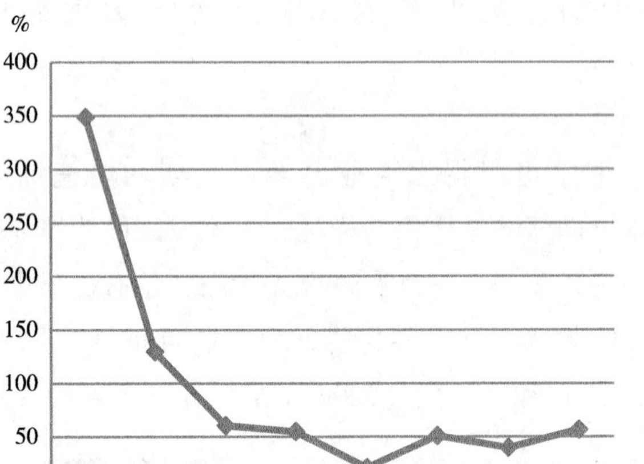

图 5-2　中国养老年金保费增速（1985—1992 年）

（资料来源：根据《中国保险史》和《通货膨胀与中国的人寿保险》数据，作者自行计算。
中国保险学会．中国保险史［M］．北京：中国金融出版社，1998；
楚军红．通货膨胀与中国的人寿保险［M］．北京：北京大学出版社，1998）

① 中国保险学会．中国保险史［M］．北京：中国金融出版社，1998.

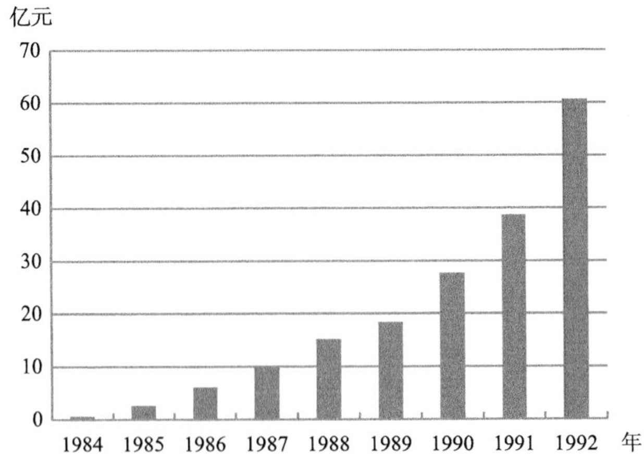

图 5-3　中国养老年金保费（1984—1992 年）

（资料来源：根据《中国保险史》和《通货膨胀与中国的人寿保险》数据，作者自行计算。

中国保险学会．中国保险史［M］．北京：中国金融出版社，1998；

楚军红．通货膨胀与中国的人寿保险［M］．北京：北京大学出版社，1998）

与人身保险整体的增速相比，复业初期养老年金业务增速低于人身险增速，从 1988 年开始，养老年金增速开始超过人身保险总增速（见图 5-4）。

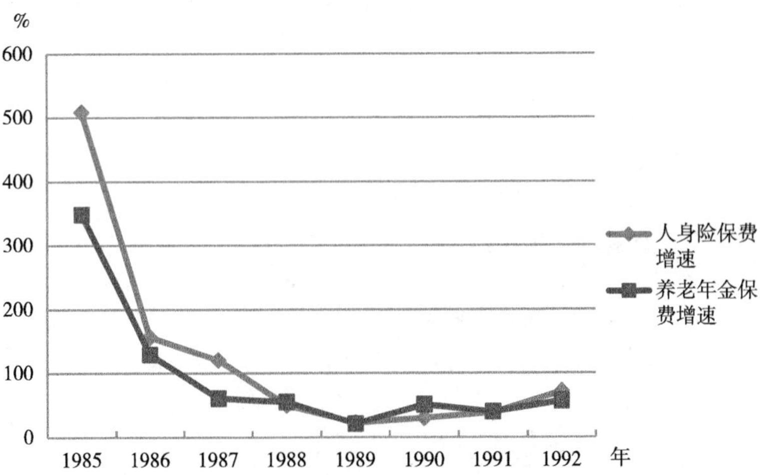

图 5-4　中国养老年金保费和人身险保费增速对比（1985—1992 年）

（资料来源：养老年金增速数据转引自楚军红．通货膨胀与中国的人寿保险［M］．北京：北京大学出版社，1998；人身险保费增速数据由作者自行整理）

在恢复期，养老年金业务不仅保费增长速度快，而且在人身保险业务中占有主要地位，一直和简易人身险一起构成了人身保险业务的主体。1984—1992 年，养老年金在人身保险中的比例基本保持在 40%以上（见图 5-5），一直保持在人身保险业务第一位或第二位（见图 5-6）。

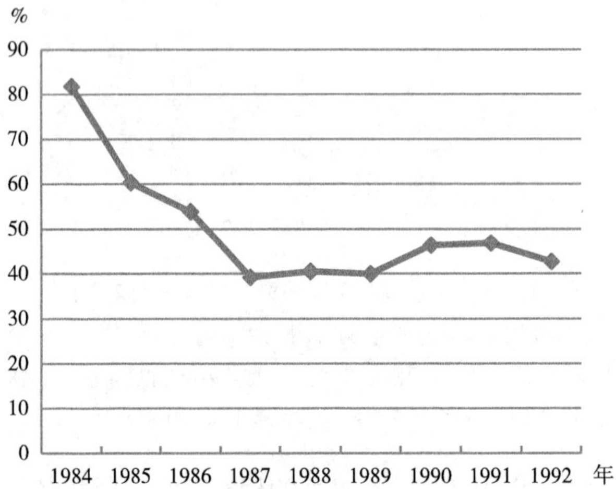

图 5-5　中国养老年金占比（1984—1992 年）

（资料来源：转引自楚军红．通货膨胀与中国的人寿保险［M］．北京：北京大学出版社，1998）

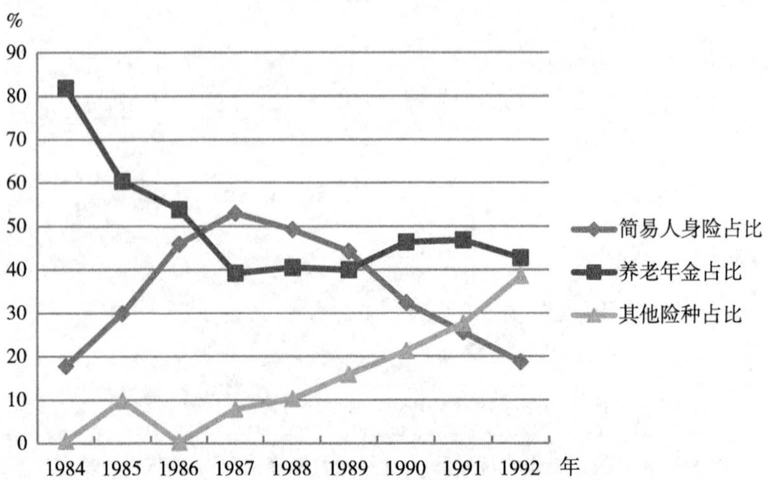

图 5-6　中国人身保险业务种类占比（1984—1992 年）

（资料来源：转引自楚军红．通货膨胀与中国的人寿保险［M］．北京：北京大学出版社，1998）

这一段时间，养老保险业务快速发展的重要原因有两条：一是国家重视。在人身保险复业之初，国务院就要求中国人民保险公司逐步实施城镇集体企业职工的法定养老金保险。1984 年，中央财经领导小组正式决定，集体所有制职工养老保险由中国人民保险公司经营。之后，不少省、市先后发布相关办法，养老保险业务全面推开。二是行业重视。中国人民保险公司按照国家要求，积极满足人民群众的养老保险需求，先后开发了城市统筹养老金保险、“三资”企业职工统筹养老金保险、全民固定工统筹养老金保险等适应社会不同需求的养老保险险种，还推出了针对农村义务兵等特定人群的特色养老保险业务，社会影响较大。

需要强调的是，在当时的计划经济时代，城市居民的养老观念还以国家养老为主，大量的全民所有制企业仍然由企业的“小社会”负责职工退休后的养老，农村居民受社会、经济、历史条件所限还是以“家庭养老”为主，使这一时期的养老保险大多是团体养老保险业务，个人养老保险业务规模还微不足道。从这个视角看，人们对养老保险的购买欲望还不强，但养老保险业务整体的发展历程仍然对养老保险购买问题有借鉴意义。

二、爬坡期：1993—2005 年

1992 年，邓小平同志发表南方谈话。当年 10 月，党的十四大提出建设社会主义市场经济体制。随着经济体制改革的大潮在中国大地汹涌澎湃，保险业不可避免地被卷入了改革的大潮，养老保险业务受到了来自需求和供给两方面的冲击。

一方面，随着社会主义市场经济体制的建立，企业开始成为市场主体，经济效益逐渐成为企业经营的重点，激烈的竞争压力使许多企业开始减少养老、医疗等福利支出，养老年金业务无疑首当其冲，业务规模开始下滑，从 1992 年的 60 亿元降到 1996 年的 46 亿元（见图 5-7）。养老年金保费 1993 年下滑 32. 94%，1994 年继续减少 0. 09%，1995 年和 1996 年维持 3. 82%和 9. 59%的低速增长，如果不考虑 1994 年储金开始被剔除出保费收入统计对人身保险保费数据的影响，养老年金业务的增速明显低于同

期人身险的增速（见图 5－8）。分析养老年金在人身保险中的比例指标，同样可以得出类似的结论：1993 年养老年金占比从前一年的 42.68%跌至 21.01%。之后维持在 20%以上，远远低于恢复期基本保持 40%以上的占比数据（见图 5-9）。

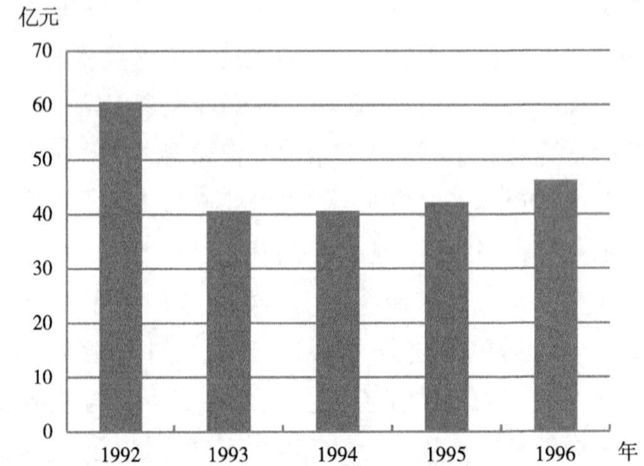

图 5-7　中国养老年金保费（1992—1996 年）

（资料来源：引自《通货膨胀与中国的人寿保险》数据，作者自行计算）

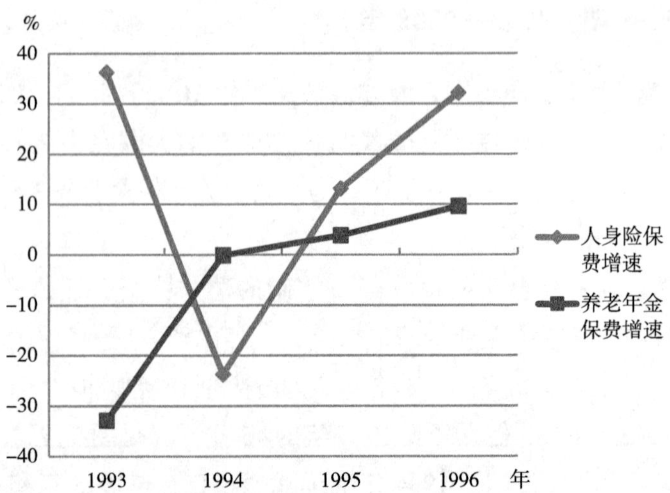

图 5-8　中国养老年金保费和人身险保费增速对比（1993—1996 年）

（资料来源：养老年金增速数据转引自《通货膨胀与中国的人寿保险》；人身险保费增速数据由作者自行整理）

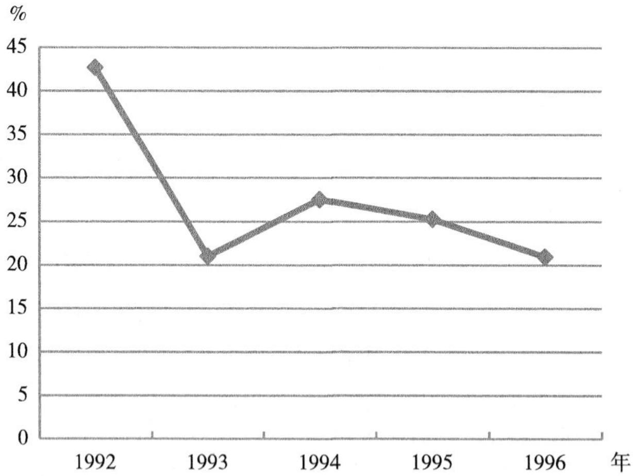

图 5-9　中国养老年金占比（1992—1996 年）

（资料来源：楚军红．通货膨胀与中国的人寿保险［M］．北京：北京大学出版社，1998）

另一方面，最大的保险公司中国人民保险公司改制并面临产寿险分设，对带有法定保险性质的统筹年金业务支持力度下降，养老保险业务一改之前数年的快速增长态势，规模开始下滑，与其他业务仍然保持增长形成鲜明对比（见图 5-10）。同时，美国友邦带来了个人代理人制度并在行业内推广，营销模式的转变促进了寿险业养老保险业务之外的业务加速发展。这些供给因素使过去传统的以机关企事业单位为保险对象的统筹年金类养老保险业务规模下降，在人身保险中的地位明显下滑。

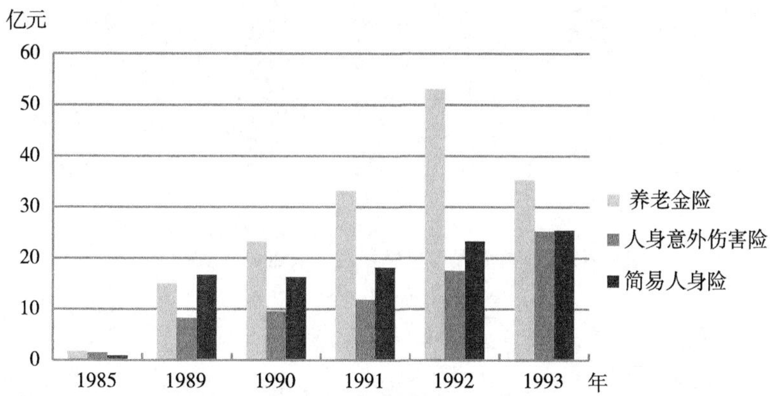

图 5-10　中国人民保险公司人身险主要类别的保费规模（1985—1993 年）

（资料来源：《中国保险年鉴（1981—1997）》）

随着 1996 年人保产寿险分家，中国人身保险市场竞争不断激烈，寿险产品创新逐步涌现，1999 年平安推出国内第一款投资连结保险，2000 年中国人寿和太保分别开发国内第一款分红保险和第一款万能寿险，至此三大类新型寿险产品都已经登陆中国。新型寿险产品的推出明显增强了人们对于寿险产品的了解，激发了人们寿险需求的实现，个人年金业务开始进入千家万户。20 世纪最后几年，由于企业承担的养老、医疗等责任开始社会化，而始建的社会保障体系还不健全、保障水平还偏低，人们个人的养老需求开始增加①，个人年金开始从商业养老保险中细分出来，并开始得到行业的重视，业务规模开始恢复并有所增长。

21 世纪第一年，中国的个人年金业务规模达到了 163 亿元，之后的四年一直基本维持 150 亿~180 亿元（见图 5-11）。但如果对比人身险的整体增速，会发现 2002—2005 年的个人年金增速都低于人身险的增速（见图 5-12），使个人养老年金业务在人身保险中的比重不断下降，从 2001 年的 11.45%下降到 2005 年的历史低点 4.94%（见图 5-15）。

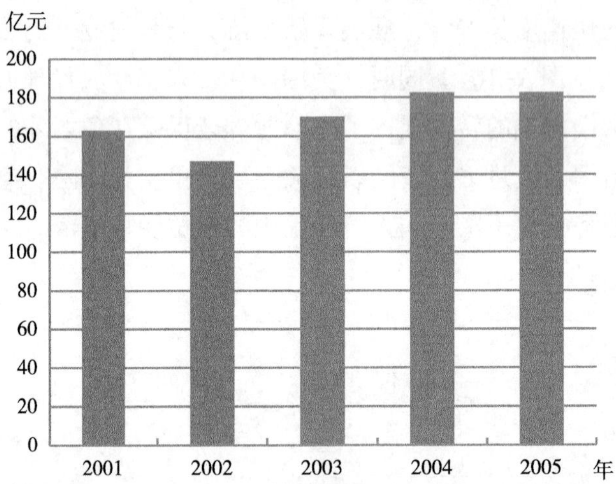

图 5-11　中国个人年金保费收入（2001—2005 年）

（资料来源：CIRC）

① 1999 年，中国 60 岁以上人口占总人口比例超过了 10%，标志着中国进入老龄化社会。进入老龄化社会，意味着中国人的养老需求也会增加。

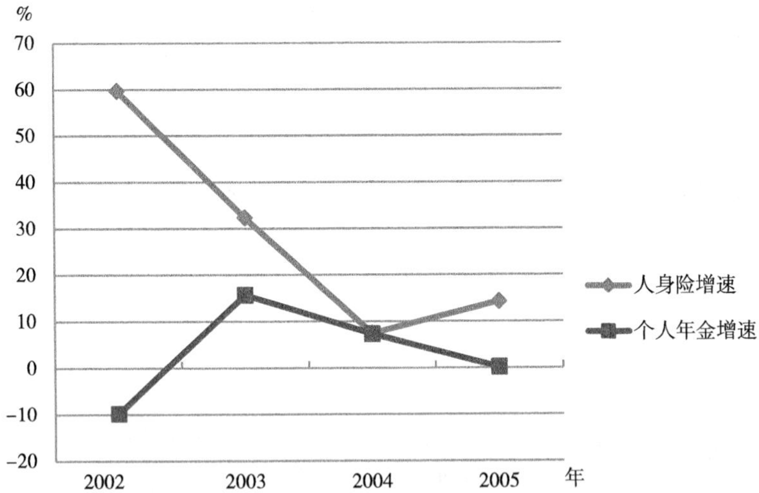

图 5-12 中国个人年金保费和人身险保费增速对比（2002—2005 年）

（资料来源：CIRC）

三、增长期：2006 年至今

在四年多试点的基础上，2004 年 1 月原劳动和社会保障部正式公布《企业年金试行办法》[①]，并会同中国银监会、中国证监会和中国保监会发布了《企业年金基金管理试行办法》[②]，确立了中国企业年金的基本模式，企业年金开始走向市场化、专业化和规范化。企业年金市场作为养老保障体系的第二支柱，无疑会影响到养老保险的发展。一方面，随着企业年金的发展，团体年金业务不断萎缩，从 2006 年的 389 亿元下降到 2012 年的不到 100 亿元[③]。另一方面，随着企业年金的不断发展，企业员工的养老保障需求得到了部分满足，会降低个人的养老需求。

然而，中国的商业养老保险业务并没有因为企业年金制约了团体年金发展而不断下滑，相反规模却开始不断扩大，从 2005 年的 626. 17 亿元增

① 2004 年 5 月施行。

② 2011 年 2 月，《企业年金基金管理办法》正式公布，并于当年 5 月 1 日起实行，取代了 2004 年颁布的《企业年金基金管理试行办法》。

③ 2006—2012 年的团体年金保费分别为 389. 1 亿元、342. 7 亿元、396 亿元、270. 2 亿元、43. 1 亿元、36. 6 亿元、92. 2 亿元。数据源自 CIRC。

长到 2012 年的 1318.99 亿元（见图 5-13）。中国商业养老保险业务增长的关键是个人年金的爆发式增长，从 2005 年的 182.65 亿元增长到 2012 年的 1226.8 亿元（见图 5-14），年均名义增长 28.23%。个人年金业务爆发式增长的起点是 2006 年，当年不仅扭转了个人年金业务的停滞局面（见图 5-11），而且在人身保险业务的比重也逐年攀升，从 2005 年的低点不到 5%增长到 2012 年的 12.08%（见图 5-15）。

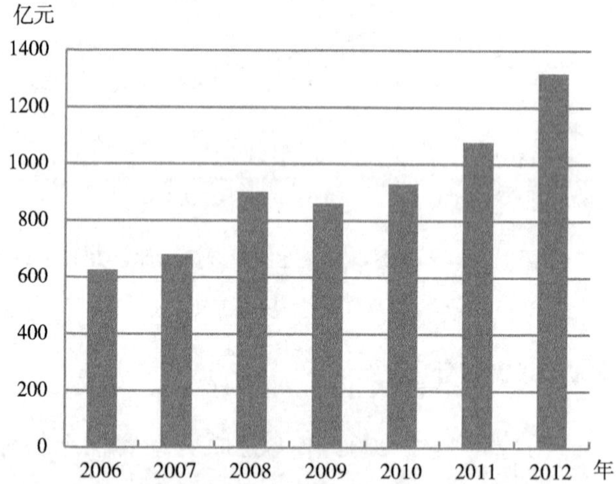

注：由于数据需要脱密，2013 年之后的数据暂无法公开。但是，2019 年个人年金保费未超过 1500 亿元。

图 5-13　中国年金保费收入（2006—2012 年）

（资料来源：依据 CIRC 数据计算而得）

个人年金业务的快速增长还带来了两个重大变化。一是个人年金业务的增速开始并连续七年超越人身保险的增速（见图 5-16），甚至在人身保险整体业务负增长 8.57%的 2011 年还能维持 17.29%的高增长率。二是个人年金业务的规模于 2007 年历史性超过团体年金业务，并逐渐呈压倒之势。2012 年，个人年金占商业年金业务比重超过 93%，而团体年金占比不到 7%（见图 5-17），个人年金无疑已经成为商业养老保险[①]的主体。

① 这里的商业养老保险不含企业年金，不同于《保险公司养老保险业务管理办法》的界定。

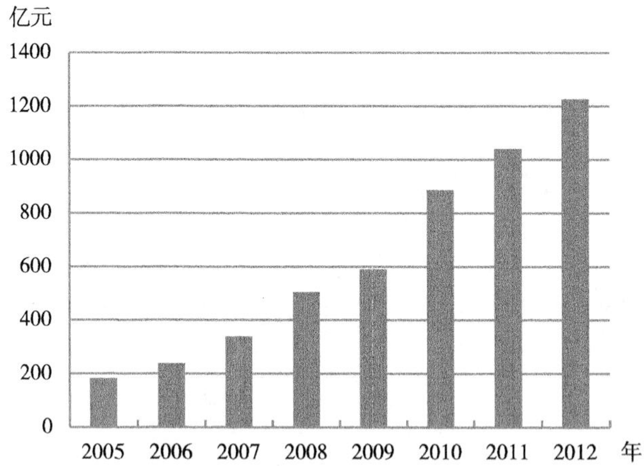

注：由于数据需要脱密，2013 年之后的数据暂无法公开。但是，2019 年个人年金保费未超过 1500 亿元。

图 5-14　中国个人年金保费收入（2005—2012 年）

（资料来源：CIRC）

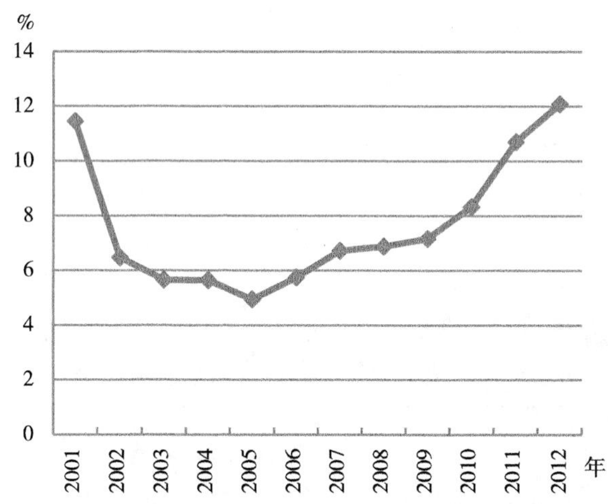

图 5-15　中国个人养老年金占比（2001—2012 年）

（资料来源：数据源自 CIRC，作者自行计算）

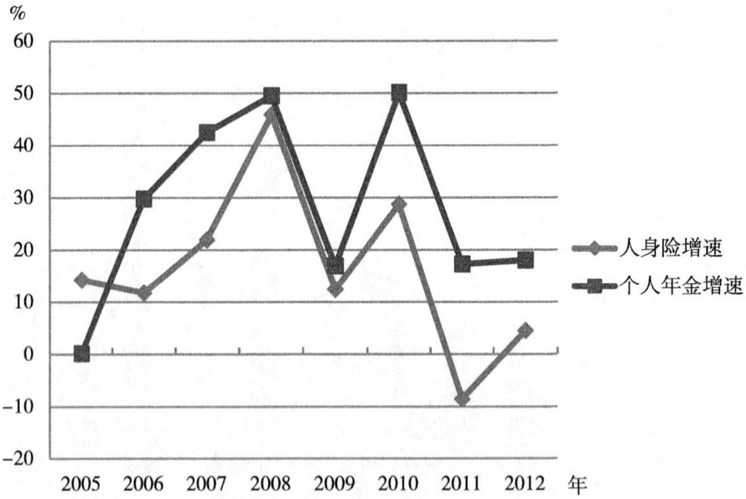

图 5-16　中国个人年金保费和人身险保费增速对比（2005—2012 年）

（资料来源：数据源自 CIRC，作者自行计算）

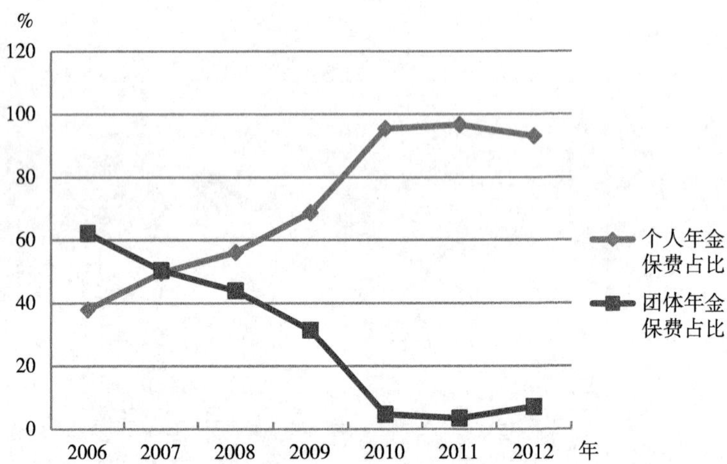

图 5-17　中国商业年金分类比较（2006—2012 年）

（资料来源：数据源自 CIRC，作者自行计算）

个人年金业务快速增长的原因涉及需求和供给两方面。从需求来看，随着中国老龄人口的不断增多，个人的养老需求不断增加。2000 年，中国 60 岁及以上人口达 1.3 亿人，约占总人口 1 的 0.2%；2005

年，60 岁及以上人口约 1.44 亿人，占总人口的 11%；2010 年底，60 岁及以上人口约 1.78 亿人，占总人口的 13.26%；2012 年，60 岁及以上人口近 1.93 亿人，占总人口的 14.3%。十二年间，中国 60 岁及以上的老龄人口增加了约 6300 万人。也有研究[①]表明，到 2050 年，中国 60 岁及以上人口将超过 4 亿人，老龄化水平将超过 30%，人口老龄化带来的养老保障需求增加显而易见。从供给看，养老保险业务发展的集中战略效果明显。2004 年，为了配合企业年金的发展，专业化经营企业年金的保险公司——养老保险公司[②]应运而生。为了企业的生存和发展，个人年金无疑也成为养老保险公司关注的重点领域。养老保险行业层面集中战略的实施也带动了各人身保险公司对养老保险业务的重视，很大程度上改变了团险业务部门主抓团体年金、个人业务部门突出新型险种、个人年金不受重视的尴尬局面。

第二节 商业养老保险业务的实践尝试

随着行业对养老保险业务的逐渐重视，商业养老保险业务有了长足的进步，不仅业务规模不断扩大，而且新管理、新产品、新思路不断涌现。

一、业务监管规则的实施

为了规范保险公司的养老保险业务，推动社会多层次养老保障体系的完善，中国保监会于 2007 年 11 月发布了《保险公司养老保险业务管理办法》（以下简称《办法》），该《办法》于 2008 年 1 月正式施行。

《办法》包括总则、经营主体、养老年金保险业务、企业年金管理业务、法律责任、附则 6 章共 51 条。《办法》是中国保险业第一部专门规范

① 全国老龄办 2006 年 2 月 23 日发布的《中国人口老龄化发展趋势预测研究报告》。

② 2004 年底，太平养老和平安养老正式成立。随后几年，中国人寿养老、泰康养老和长江养老先后成立。

养老保险业务的部门规章，对于促进养老保险业务的专业化、创新化、规范化有着重要的现实意义。

（一）促进养老保险的专业化发展

《办法》主要从主体条件设置、经营具体要求和产品分类管理三方面促进养老保险的专业化经营。

第一，规定了承办养老保险业务的主体条件设置。《办法》明确指出，承办养老保险的主体是经保险监督管理机构批准设立并依法登记注册的人寿保险公司、养老保险公司。《办法》还特别针对专业化经营主体——养老保险公司，规定了包括机构设置、治理结构、风险控制体系建设等在内的设立和经营管理要求。

第二，明确了养老保险业务专业化经营具体要求。《办法》制定了不同种类养老保险业务在不同经营环节以及提升客户风险意识等方面的明确要求，以体现保险业的专业化特点。

第三，推行了养老保险业务的产品分类管理。《办法》将养老保险业务的范围设定①为个人养老年金保险、团体养老年金保险和企业年金管理业务，并将具有养老功能的个人两全保险纳入养老保险业务监管范围，并且针对不同养老保险产品类别的特征制定了相应的产品管理制度要求。

（二）推动养老保险的创新化发展

《办法》积极推动养老保险的业务创新，指出“保险公司应当积极进行养老保险产品创新，根据市场情况开发适合不同团体和个人需要的养老保险产品”。

《办法》鼓励保险公司开发含有终身年金领取方式的个人养老年金保险产品，以充分发挥保险业所具有的精算技术独特优势和经营管理经验优势，为投保方提供能够陪伴一生的养老现金流收入，真正实现养老保险的保障功能。

① 前文已经指出，企业年金业务不属于本书的研究范围。无疑，无论从理论还是实践，企业年金业务都可以由保险业运营，而且保险业还有其他行业无法比拟的运营优势。但是，企业年金业务是否属于商业养老保险的范围，笔者有着不同的看法。

《办法》还明确，对同一投保团体在不同省、自治区、直辖市的成员，保险公司可以统一承保团体养老年金保险，以鼓励跨省辖区大集团、大企业投保团体年金，提升有关单位员工的养老保障水平。

（三）保障养老保险的规范化发展

《办法》从基本制度设计、投保方利益保护两方面保障养老保险业务的规范化发展。

第一，从基本制度设计方面提出了全面的养老保险业务经营规范。《办法》从产品类型、经营主体、产品管理和经营管理等方面确立了中国保险公司养老保险业务经营的基本制度，有利于提高保险业养老保险经营的规范化和标准化程度。

第二，设计了有效的投保方利益保护机制。《办法》强化了保险公司在养老保险产品设计和销售、个人账户管理等方面的责任，并要求保险公司加强风险提示和信息披露，防范业务经营中的误导行为，突出了对投保方权益的保护。

二、变额年金产品的出现

2011 年 5 月，中国保监会发布了《关于开展变额年金保险试点的通知》和《变额年金保险管理暂行办法》。同年，金盛人寿①、中美联泰大都会人寿和华泰人寿的三款变额年金保险产品获批（见表 5-1），变额年金保险产品首次被引入中国。2012 年，中国保监会又先后批准泰瑞人寿和信诚人寿的两款变额年金保险产品（见表 5-1）。

表 5-1 中国年金保险（变额型）试点产品对比

公司	工银安盛人寿	中美联泰大都会人寿	华泰人寿	泰瑞人寿	信诚人寿
产品简称	保得盈	步步稳赢	吉年保利	福享金	智富未来
批准时间	2011 年 6 月	2011 年 7 月	2011 年 12 月	2012 年 5 月	2012 年 9 月
批准额度	9. 1592 亿元	29 亿元	40 亿元	15. 52 亿元	50 亿元

① 2012 年，随着中国工商银行成为最大股东，金盛人寿更名为工银安盛人寿。

续表

公司	工银安盛人寿	中美联泰大都会人寿	华泰人寿	泰瑞人寿	信诚人寿
最低保证	7 年投资期限 100%满期 本金保证	10 年投资期 历史区间中 最高净值的 80%	7 年投资期 100%满期 本金保证； 历史区间中最 高净值的 80%	未试点 销售	未试点 销售
账户价格：卖出价（2013.08.30）	0.9603	0.9588	暂停销售		
回报率	-3.97%	-4.12%			

资料来源：根据 CIRC、工银安盛人寿网站、中美联泰大都会人寿网站数据计算并绘制。

变额年金保险（Variable Annuity Insurance）是一种保单持有人未来领取的年金给付额会随着独立账户投资业绩的变化而变化的年金保险产品。年金保险作为典型的养老保险产品代表，一般有着较长的保险期限，如果受到通货膨胀的侵袭，会使保单持有人的实际给付额下降，变额年金保险正是为了应对通货膨胀造成的贬值风险应运而生。

事实上，在中国被称作创新性产品的变额年金已有超过 60 年的历史。1952 年，美国教师保险和年金协会（Teachers Insurance and Annuity Association，TIAA）设计了变额年金，由该协会建立的基金——大学退休证券基金（College Retirement Equities Fund，CREF）提供给协会的大学教员，并作为退休金计划的一部分。在最初的变额年金产品设计中，保单持有人可以自行选择投资账户并承担全部投资风险，并且享有保险公司最低保证的承诺。这种设计理念在资本市场表现好时可以给保单持有人带来较高回报，但面对资本市场熊市时也可能给保单持有人带来重大损失。为了减缓资本市场投资风险对变额年金保单持有人的影响，保险公司开始在变额年金产品设计中加入最低保证的承诺。20 世纪 80 年代，最低身故利益保证出现；20 世纪 90 年代，最低年金给付保证、最低累计利益保证和最低退保利益保证先后出现。

变额年金保险也可以理解为年金保险与投资连结险的结合，变额年金保单的现金价值以及年金给付额都随着独立账户的投资绩效而变动。如果不考虑最低保证的承诺，变额年金保险的投资风险由投保方承担，而保险公司主要承担死亡率和费用率风险。因此，人们购买变额年金保险产品明显带有投资的动机。

在中国，变额年金保险产品的试点并没有如预期火爆，不仅批准的额度没有用完①，两家公司仍未开始试点，还有试点公司已暂停销售，甚至低迷的资本市场使在售产品的回报率仍未转正（见表5-1）。

三、养老增值业务的提供

2012年，将养老保险产品与入住养老社区挂钩，为投保客户提供养老增值服务开始成为寿险业的热点。如今，中国市场份额靠前的大型寿险公司中的大多数主体已经开始或者即将做这种尝试。

第一家提供入住养老社区增值服务的是泰康人寿。2012年4月，泰康人寿与泰康之家②联合推出“幸福有约终身养老计划”，这是一款将养老年金产品与养老社区相结合的综合养老计划，由泰康人寿的“乐享新生活养老年金保险（分红型）”和泰康之家的《泰康人寿保险客户入住养老社区确认函》共同组成。养老年金产品提供终身按月领取的养老金，满足养老生活的日常开支；确认函为客户提供未来养老生活安排的选择权。签约客户不仅可以获得年老时保证入住养老社区的资格，而且可以选择将保单利益直接支付养老社区的房屋月租和居家费用。

合众人寿是国内第二家提供养老社区入住增值服务的寿险公司。2012年底，合众人寿开始销售养老保险产品“合众优年养老定投两全保险（分红型）”时，与合众健康产业（武汉）投资有限公司③合作，由合众健康产业（武汉）投资有限公司以《致合众优年养老定投客户的一封信》的形式为购买“合众优年养老定投两全保险（分红型）”养老保险产品并且符合约定条件的客户提供未来入住合众养老社区的增值服务，同时给

① 截至2013年8月底，试点公司的变额年金保险产品均开放购买。

② 泰康人寿旗下由专业从事不动产投资管理的机构，引自泰康之家网站的“公司简介”栏目。

③ 2010年10月合众人寿注册成立。

予一定的价格优惠承诺。

与泰康人寿捆绑式的做法有所不同，合众人寿提供的增值服务是养老社区签约的可选择权，投保人既可以选择签约合众养老社区①，也可以仅仅购买养老保险产品。而合众建设的养老社区签约对象除了购买养老保险产品的保险客户，也面对社会有需求的其他人士。其中，合众养老社区（武汉）的收费标准包括入门费、月租和运营管理费三部分，入门费与月租的搭配包括高入门费低月租、低入门费高月租两种选择（见表5-2）。其中，入门费在签约时一次性缴清，在客户退出养老社区时退还，月租和运营管理费用按年缴纳。

表 5-2　合众养老社区（武汉）的收费标准

可选方案一			
类别	入门费	月租	年管理费用
一居室	20万~24万元	1500~1600元	1800元
二居室	29万~31万元	2050~2110元	2200元
三居室	40万~45万元	2900~3040元	2700元
可选方案二			
类别	入门费	月租	年管理费用
一居室	35万~39万元	1000~1120元	1800元
二居室	50万~52万元	1350~1410元	2200元
三居室	70万~75万元	1900~2040元	2700元

资料来源：合众养老社区（武汉）宣传资料。

① 2013年6月底，合众健康产业（武汉）投资有限公司与合众人寿决定自2013年7月1日起停止使用《致合众优年养老定投客户的一封信》，将购买相应养老保险产品的客户享受增值服务的活动截止时间从2013年11月19日提前到2013年6月30日。

第六章

中国商业养老保险发展的阻力机制[①]

① 本章的合作者还包括广东省社会保险基金管理局的张铭先生，主要内容已发表于2022年第4期的《消费经济》杂志。

第一节　问题的提出

近年来，我国人口老龄化程度逐渐加深，养老问题越发突出，家庭养老已无法满足全社会的养老需求。这主要源于现阶段我国人均 GDP 尚未赶上发达国家水平，却面临着“未富先老”的窘境；生育率逐年降低导致少子化，加重了年轻人的养老负担；养老需求多元化，人们对老年生活品质的追求不断提高。老龄化背景下，家庭养老独木难支，我国养老保障亟须提量提质。2022 年 2 月，国务院印发《“十四五”国家老龄事业发展和养老服务体系规划》，明确要求促进和规范发展第三支柱养老保险，引导全社会树立全生命周期的保险理念。作为社会基本养老保险的补充，商业养老保险能提前为人们做好养老规划，为人们退休后的生活增添保障。然而，商业养老保险在经营中可能面临逆向选择问题。商业养老保险公司根据参保者的平均身体状况、平均预计寿命制定养老保险产品。预计寿命长的个体能领取的养老金更多，参保意愿更强烈，预计寿命短的个体则反之。参保群体中寿命长者居多，寿命短者偏少，保险公司实际给付年金大于预期，便会陷入经营困难的境地。倘若提高保费，则更多预计寿命短的参保者会选择退出市场，逆向选择问题进一步加重，给商业养老保险的长期发展带来负面影响。

基于此，探究中国商业养老保险市场是否存在逆向选择问题尤为必要。本书选取中国综合社会调查（Chinese General Social Survey，CGSS）数据并使用 Probit 模型证明逆向选择问题存在。异质性分析还表明仅青年群体中不存在逆向选择问题，中年群体中的逆向选择问题比老年群体严重，城镇人口比农村人口严重，收入较高者比收入较低者严重。存在逆向选择问题的研究结论通过了稳健性检验和内生性检验。本书还使用双变量 Probit 模型检验了风险感知、心理状况和风险态度在逆向选择行为中起到的作用，结果发现能充分感知到自身健康的个人更容易产生逆向选择行为，心理健康的个人亦然，偏好风险的个人反之。

本章的边际贡献在于：国内养老保险逆向选择实证研究的对象主要集中于社会养老保险。而本书则聚焦商业养老保险并通过检验得到国内市场存在逆向选择问题的结果，这丰富了养老保险逆向选择的研究内容。同时，本书还对逆向选择行为展开了深入分析，探究风险感知、心理状况和风险态度在其中的影响，这也为逆向选择行为机制的深入研究提供了一些思路。

第二节　文献综述和理论分析

一、逆向选择问题存在性文献回顾

信息不对称可能导致逆向选择这一问题由 Arrow 率先提出。他对医疗保健市场展开分析发现，在信息不对称情况下，信息和知识会成为一种“商品”，参保者会因此隐瞒私人信息和风险，选择对自身最有利的保险方案，而保险公司在经营过程中受到损失。Akerlof 进一步提出了逆向选择理论，并揭示了重要规律：由于信息不对称，买者无法观察到商品的内在质量，卖者会以次充好。这将导致优品退出市场，次品滞留，最终造成市场萎缩。随后学者们根据逆向选择理论建立了保险模型，推断逆向选择问题很可能导致保险市场失灵。

自 20 世纪 90 年代起，一众学者就保险市场中的逆向选择问题开展了实证研究。从研究结果看，一部分学者认为逆向选择问题在保险市场中广泛存在，但另一部分学者支持不存在逆向选择问题的结论。从研究方法看，研究之初学者们常使用统计学方法，后来逐渐采用计量经济学方法，主要使用 Probit 模型、Logit 模型进行检验，经过改良后的双变量 Probit 模型也发挥了重要作用。从研究深度看，学者们起初致力于不断完善理论模型；后来开始使用现实数据检验逆向选择存在与否；近年来向着更深层次进发，研究导致逆向选择行为的内在因素。

在本书聚焦的商业养老保险方面，发达国家养老保险市场起步比国内早，发展更为成熟，理论研究和实证研究也比国内丰富。国外学者对商业养老保险市场有较多研究，且普遍检验出了存在逆向选择问题的结果。而国内针对商业养老保险逆向选择问题的实证研究比较匮乏，且已有成果主要聚焦于社会养老保险。因此，针对国内商业养老保险市场展开逆向选择问题是否存在的实证研究十分必要。综上所述，我们提出第一个假设：

H1：逆向选择问题在中国商业养老保险市场中存在。

二、逆向选择内在机制的理论分析

随着研究深入，学者们发现仅从传统经济学的角度研究逆向选择远远不够。人的经济行为在很大程度上是人们内在心理活动的映射，在研究逆向选择问题时有必要将人们的心理行为动机纳入探讨，结合行为科学和心理科学等学科知识进行剖析。本书将从风险感知、心理状况和风险态度三方面展开分析。

（一）风险感知

风险感知是指人们对某个特定风险的特征和严重性作出的主观判断。众多学者的理论和实证研究发现，风险感知通常与个人的风险经历呈高度相关关系，且风险感知会促使个人规避风险。实际上，商业保险恰恰是转移自身风险的有效手段。因此本书推测在逆向选择行为中，风险感知起到了促进作用。出于对自身风险的高度感知和规避风险的需要，高风险个人更愿意购买商业保险。而低风险个人不愿意购买商业保险的原因可能在于：一是逆向选择理论所揭示的预期效用不高；二是其风险感知水平较低，无法充分认识防范风险的积极意义。因此，本书提出第二个假设：

H2：风险感知影响中国商业养老保险逆向选择行为，充分感知自身风险的个人更有可能作出逆向选择行为。

（二）心理状况

众多心理学领域的学者研究发现，心理状况对个人的健康状况和寿命都存在明显的影响。积极情绪对个人的健康有正面作用，且在一定程度上能延续寿命，消极情绪则反之。从应对风险的角度来看，拥有积极情绪的个人更乐于也更善于应对风险。他们能认识到自身风险并积极防范。而消极者更可能对风险无动于衷，并在遭受风险带来的不良后果之后更进一步陷入消极情绪，产生恶性循环。

本书推测，面对年老时的生活成本、医疗需求和护理需求等问题，心理状况好的个人更有可能意识到风险并参加商业养老保险，而心理状况差的个人则可能对此采取无所谓的态度。基于此，良好的心理状况可能会促进逆向选择行为的发生，而不好的心理状况则抑制了逆向选择行为的发生。据此，本书提出第三个假设：

H3：心理状况对中国商业养老保险逆向选择行为产生影响，心理健康的个人更有可能作出逆向选择行为。

（三）风险态度

众多学者在逆向选择问题的研究中已经关注到风险态度对保险购买行为的影响。一般来说，厌恶风险的个人为防范风险更愿意参加商业保险。但目前很多新型寿险产品除了传统的保障功能，还具有投资功能，商业养老保险产品也同样如此，这一特点可能会吸引偏好风险的个人参加商业养老保险。因此风险态度在逆向选择中能产生的作用不确定，但其对逆向选择的影响是值得探讨的。据此，本书提出第四个假设：

H4：风险态度对中国商业养老保险逆向选择行为产生影响。

第三节　研究设计

一、数据来源

本书数据来源于 2018 年 CGSS 数据库，该调查问卷不仅涵盖了性别、年龄、受教育水平等人口学特征问题，也包含衡量个人身体健康水平、心理健康水平、是否拥有社保以及商业保险等的问题，符合本书研究要求。2018 年 CGSS 数据包含样本 12787 份，在剔除观测值缺失和收入存在极端值的样本后，剩余样本为 11462 份。

二、变量选取

（一）被解释变量

本书选取是否参加商业养老保险作为衡量商业养老保险保障水平的指标。

（二）解释变量

衡量养老相关风险的指标为长寿风险，而健康问题与寿命息息相关。已有研究表明，健康状况差的个人的死亡率远高于健康状况优良的个人。因此本书将健康风险作为衡量长寿风险的指标，健康风险低则长寿风险高。若逆向选择存在，则健康风险低的个人更可能参加商业养老保险。

（三）控制变量

本书将性别、年龄对数、受教育水平、户口、收入对数纳入控制变量。同时，为控制家庭养老和社保的影响，将子女数量和是否参加社保也纳入控制变量。

三、描述性统计

各变量的描述性统计如表 6-1 所示。结果显示，样本中男女比例为 47∶53，男性略少于女性；年龄最小的受访者为 18 岁，最高者为 90 岁，平均年龄为 52 岁[①]；平均受教育水平为初中水平；55%的受访者拥有农村户口，45%的受访者为城镇户口；样本年平均收入为 37706 元；94.2%的受访者参加了社保；7.89%的受访者参加了商业养老保险。该样本数据较好地反映了我国国情，适用于本书研究。

① 本书的研究对象为整个商业养老保险市场，因此样本包含可以购买商业养老保险的人群（通常在 18~60 岁）以及处于养老金领取阶段的人群（通常在 60 岁以上）。

表 6-1 描述性统计、变量赋值及问题来源

变量	变量含义	变量赋值	问题来源	平均值	标准差	最小值	最大值
Male	性别	女性赋值为 0，男性为 1	A2	0.470	0.499	0	1
Age	年龄	2018 年与出生年份相减所得值	A31	52.16	16.50	18	90
ln_age	年龄对数	年龄取对数	A31	3.896	0.356	2.890	4.500
Education	受教育水平	小学及以下赋值为 1，初中为 2，高中为 3，大学及以上为 4	A7a	2.126	1.095	1	4
Residence	户口	农村户口赋值为 0，非农村户口为 1	A18	0.451	0.498	0	1
Income	个人年收入	个人 2017 年全年收入	A8a	37706	65254	0	1500000
ln_income	收入对数	收入取自然对数	A8a	8.406	3.840	0	14.22
Children	子女数量	无子女赋值为 0，子女数量一人赋值为 1，以此类推，4 人及以上赋值为 4	A68	1.650	1.063	0	4
Security	社保	没有参加社保赋值为 0，参加社保为 1	A611，A612	0.942	0.234	0	1
Health Risk	健康风险	从不受健康问题困扰赋值为 0，严重程度以此类推，总是受困扰为 4	A16	1.050	1.117	0	4
Insurance	商业养老保险	没有参加商业养老保险赋值为 0，参加商业养老保险为 1	A614	0.0789	0.270	0	1

四、模型设定

本书使用 Probit 二元选择模型检验中国商业养老保险市场是否存在逆

向选择问题。模型如下：

$$Pr(Insurance) = \alpha_0 + \beta \times HealthRisk + \alpha_i X_i + \varepsilon \qquad (6-1)$$

其中，*Pr*（*Insurance*）为被解释变量，*HealthRisk* 为解释变量，X_i 为各控制变量，β 为解释变量的系数，α_i 为各控制变量的系数，α_0 为常数项，ε 为扰动项。

第四节　回归结果及分析

一、Probit 模型回归结果

Probit 模型回归结果如表 6-2 列（1）所示。结果显示，健康风险对商业养老保险的平均边际效应为-1.26%，即健康风险平均每提升一个水平，受访者参加商业养老保险的可能性显著降低 1.26%。这验证了假设 1。

另外，女性参加商业养老保险的可能性比男性显著高 1.67%，说明女性对养老问题的关注度比男性更高。受教育水平、户口、收入对数均与是否参保呈正相关关系，说明受教育水平越高、户口为城镇、收入越高者越有可能参加商业养老保险。拥有社保的受访者参加商业养老保险的可能性比未拥有者显著低 2.69%，说明社保对商业养老保险有挤出效应，人们在拥有社保后可能会因为自身已有保障而拒绝进一步增加保障水平。子女数量对是否参保没有显著影响，说明子女多寡可能并不影响人们的养老决策。

二、异质性分析

初步证明中国商业养老保险市场存在逆向选择问题后，我们进一步探讨样本异质性对逆向选择的影响，研究不同年龄群体、农村与城镇人口、不同收入水平群体中的逆向选择现象。

（一）基于年龄分组的异质性分析

本书将18~35岁、36~60岁、61~90岁的样本分为青年人群、中年人群、老年人群三个群体进行Probit回归，结果如表6-2列（2）至列（4）所示。青年群体是否参保并不被自身健康风险高低所影响，青年人群中不存在逆向选择问题，这可能是因为青年人群在多年后才开始领取养老金，产生逆向选择行为的动机不够强烈；中老年人群中的逆向选择问题显著；中年人群中健康风险对商业养老保险的平均边际效应为-1.36%，老年人群为-0.946%，这意味着中年人群的逆向选择问题比老年人群严重，可能是因为我国商业养老保险市场起步较晚，导致部分老年人群在可投保的年纪未能实现逆向选择行为，从保险覆盖率中可见一斑①。

值得注意的是，年龄与是否参保在全样本回归中不相关，而基于年龄分组后在青年人群中呈正相关关系，中年人群反之，这说明参保意愿最强烈的人群是35岁左右的人群。青年人群中社保不存在挤出效应，这可能是因为青年人群整体受教育水平更高，不会因为拥有社保而拒绝提高自身保障水平。老年人群是否参保不受性别、年龄和收入因素的影响。受教育程度、户口、子女数量与是否参保的相关性和全样本回归一致。

表6-2 全样本及按年龄分组的Probit回归结果

变量	(1)	(2)	(3)	(4)
	全样本	青年人群	中年人群	老年人群
健康风险	-0.0126***	-0.00376	-0.0136***	-0.00946***
	(0.0199)	(0.0528)	(0.0273)	(0.0371)
性别	-0.0167***	-0.0243*	-0.0181**	-0.0008
	(0.0373)	(0.0795)	(0.0519)	(0.0796)
年龄对数	-0.0140	0.163***	-0.0660**	-0.0506
	(0.0685)	(0.294)	(0.172)	(0.466)
受教育水平	0.0327***	0.0466***	0.0428***	0.00925***
	(0.0210)	(0.0484)	(0.0290)	(0.0452)

① 分组描述性统计显示，不同年龄层人群商业养老保险覆盖率分别为：青年人群10.2%、中年人群10.1%、老年人群3.66%。

续表

变量	(1)	(2)	(3)	(4)
	全样本	青年人群	中年人群	老年人群
户口	0.0352***	0.0405***	0.0438***	0.0248***
	(0.0443)	(0.0861)	(0.0628)	(0.105)
收入对数	0.00561***	0.00531***	0.00655***	0.000471
	(0.00599)	(0.0111)	(0.00894)	(0.0143)
子女数量	0.00150	0.000203	-0.00702	0.00207
	(0.0240)	(0.0580)	(0.0383)	(0.0444)
社保	-0.0269***	0.0118	-0.0444***	-0.0456***
	(0.0739)	(0.144)	(0.107)	(0.149)
观测值	11462	2186	5313	3963

注：报告的估计值为平均边际效应，表6-3、表6-4与此相同。括号内数字为稳健标准误，***、**、*分别表示1%、5%、10%的显著水平。

（二）基于户口分组的异质性分析

将样本分为农村户口组和城镇户口组两个群体进行回归，结果如表6-3列（1）~列（2）所示。可以发现，逆向选择无论在农村人口还是在城镇人口中都显著存在，这说明逆向选择不因城乡差异而改变。即便在城乡商业养老保险覆盖率差距明显的情况下①，人们都有足够强烈的产生逆向选择行为的动机。农村人口中健康风险对商业养老保险的平均边际效应为-0.965%，城镇人口为-1.66%，这说明城镇人口中的逆向选择问题比农村人口更加严重。这可能是因为农村商业养老保险市场发展相对落后，农村人口对商业养老保险认识不深，未能充分认识到逆向选择行为可带来的额外收益。性别、受教育水平、收入、子女数量、社保与是否参保的相关性和全样本回归一致。

（三）基于收入分组的异质性分析

本书分别将年收入在0~10000元（不含10000元）、10000~50000元

① 分组描述性统计显示，我国城乡在教育水平、收入水平、健康水平、社保以及商业养老保险覆盖率上存在明显区别，农村在各方面的发展相对落后。

(不含 50000 元)、50000 元及以上的样本归为低、中、高收入群体。回归结果如表 6-3 列（3）~列（5）所示。可以看出，在商业养老保险覆盖率差别明显的情况下，各收入群体都存在逆向选择①。这说明无论收入高低，人们都有足够的产生逆向选择行为的动机。低中高收入人群中健康风险对商业养老保险的平均边际效应分别为-0. 544%、-0. 841%、-1. 91%，这说明收入水平越高，逆向选择问题越严重。在低收入人群中，年龄与是否参保显著正相关，这说明低收入人群中高龄人群参保的比例更高。值得注意的是，社保的挤出效应在中低收入人群中存在，在高收入人群中却不存在。这可能是因为高收入群体自身收入水平较高，为寻求更高的养老保障水平，他们选择同时参加社会保险和商业养老保险。性别、受教育水平、户口与是否参保的相关性和全样本回归一致。

表 6-3　按户口和收入分组的 Probit 回归结果

变量	(1)	(2)	(3)	(4)	(5)
	农村户口	城镇户口	低收入	中等收入	高收入
健康风险	-0. 00965***	-0. 0166***	-0. 00544**	-0. 00841**	-0. 0191**
	(0. 0309)	(0. 0261)	(0. 0416)	(0. 0312)	(0. 0354)
性别	-0. 0164***	-0. 0188**	-0. 0156***	-0. 0153**	-0. 0504***
	(0. 0617)	(0. 0471)	(0. 102)	(0. 0604)	(0. 0584)
年龄对数	0. 00900	-0. 0343**	0. 0235**	0. 00979	-0. 0355
	(0. 121)	(0. 0850)	(0. 173)	(0. 118)	(0. 108)
受教育水平	0. 0221***	0. 0469***	0. 0167***	0. 0187***	0. 0396***
	(0. 0365)	(0. 0261)	(0. 0587)	(0. 0359)	(0. 0337)
户口			0. 0244***	0. 0165*	0. 0425**
			(0. 101)	(0. 0741)	(0. 0745)
收入对数	0. 00479***	0. 00654***	-0. 00156**	0. 00215	0. 0842***
	(0. 00925)	(0. 00821)	(0. 0125)	(0. 0699)	(0. 0489)
子女数量	0. 00101	-0. 000502	0. 000450	-0. 00491	0. 00942
	(0. 0360)	(0. 0327)	(0. 0508)	(0. 0391)	(0. 0404)

① 分组描述性统计显示，我国商业养老保险覆盖率方面，低收入群体仅为 2. 8%，中等收入群体为 6. 2%，高收入群体高达 17. 5%。

续表

变量	(1)	(2)	(3)	(4)	(5)
	农村户口	城镇户口	低收入	中等收入	高收入
社保	-0.0167*	-0.0424**	-0.0174**	-0.0460***	0.0253
	(0.103)	(0.108)	(0.145)	(0.108)	(0.143)
观测值	6293	5169	3924	4643	2895

注：***、**、*分别表示1%、5%、10%的显著水平。

三、稳健性检验

为验证逆向选择存在的结论是否稳健，本书将检验2015年数据和2018年剔除老年人群样本的Probit回归结果。

（一）基于2015年数据的稳健性检验

2015年样本包含问卷数据10968份，在剔除观测值缺失和收入存在极端值的样本后，剩余样本为9879份。稳健性检验依旧使用Probit二值模型，回归方程与式（6-1）一致。回归结果如表6-4列（1）所示。可以发现，逆向选择问题在2015年存在，但健康风险对商业养老保险的绝对平均边际效应（0.812%）小于2018年（1.26%），说明2018年逆向选择问题比2015年严重。同时，受教育水平、户口、收入的显著性依旧存在，且正负性也与2018年回归结果一致。综上所述，2015年数据回归结果验证了研究结果的稳健性。

（二）基于2018年剔除老年人群样本的数据的稳健性检验

2018年样本中老年人群体商业养老保险的覆盖率较低，这可能会影响样本的代表性。因此，本书将老年人群从样本中剔除，以观察实证结果是否稳健。回归结果如表6-4列（2）所示。可以发现，剔除老年人群样本后，逆向选择依旧存在。性别、受教育水平、户口、收入对是否参保的影响依旧显著，且正负性不变。年龄与是否参保呈正相关关系，社保的挤出效应不显著。这进一步验证了结论的稳健性。

表 6-4　稳健性检验结果

变量	(1)	(2)
健康风险	-0.00812***	-0.0131***
	(0.0235)	(0.0240)
性别	-0.00792*	-0.0228***
	(0.0433)	(0.0430)
年龄对数	0.0205**	0.0491***
	(0.0828)	(0.0881)
受教育水平	0.0190***	0.0445***
	(0.0245)	(0.0246)
户口	0.0338***	0.0466***
	(0.0516)	(0.0501)
收入对数	0.00504***	0.00731***
	(0.00741)	(0.00671)
子女数量	-0.00929***	0.00189
	(0.0280)	(0.0304)
社保	-0.0138	-0.0203
	(0.0810)	(0.0854)
观测值	9879	7499

注：***、**、*分别表示1%、5%、10%的显著水平。

四、内生性问题

可能存在遗漏变量或互为因果导致的内生性问题，故本书使用 IV-Probit 方法加以解决。本书将问卷中 A4b“请问在过去 12 个月里，您由于生病或受伤住过几次院?”这一指标作为健康风险的工具变量。一方面，因生病或受伤住院反映了健康状况，住院的受访者更有可能受到健康问题的困扰，且住院次数越多，其受困扰的程度越重。这符合工具变量的相关性要求。另一方面，生病或受伤导致住院并不直接影响商业养老保险的参保，符合作为工具变量的外生性要求。本书将该变量设置为“因病或受伤住院”，过去 12 个月无住院经历则赋值为 0，住院一次为 1，以此类推，住院 4 次及以上赋值为 4，样本总量为 11462 份。

初始工具变量检验结果如表6-5所示。可以发现，结论与基准回归结果基本保持一致。Wald检验结果的P值为0.3342，可认定健康风险为外生解释变量。另外，弱工具变量检验结果显示AR、Wald的P值均在5%水平上显著，说明“因病或受伤住院”不是弱工具变量。综上所述，在引入工具变量进行分析后，内生性不会影响模型结果的稳健性，中国商业养老保险市场存在逆向选择问题的实证结果有效。

表6-5　工具变量法检验结果（IV-Probit）

变量	健康风险	商业养老保险
健康风险		-0.164**
		(0.0690)
因病或受伤住院	0.447***	
	(0.0124)	
性别	-0.621***	-0.130***
	(0.0189)	(0.0376)
年龄对数	0.584***	-0.0551
	(0.0348)	(0.0834)
受教育水平	-0.106***	0.237***
	(0.0111)	(0.0224)
户口	-0.158***	0.253***
	(0.0222)	(0.0457)
收入对数	-0.0222***	0.0403***
	(0.00260)	(0.00624)
子女数量	-0.0006	0.0124
	(0.01107)	(0.0240)
社保	0.0403	-0.201***
	(0.0396)	(0.0739)
常数项		-1.906***
		(0.274)
Wald检验P值	0.2898	
观测值	11462	11462

注：报告的估计值为各变量系数，下同。

第五节　内在机制分析

上节充分证明了中国商业养老保险市场存在逆向选择问题。本书将进一步探究逆向选择行为的内在机制。

一、模型设定：双变量 Probit 模型

我们将风险感知、心理状况、风险态度统称为受访者的内在因素。在 Probit 模型中，不考虑内在因素时，内在因素的影响将体现在误差项中。由于只有一个误差项，内在因素对保障水平和风险水平的影响无法分离。因此，参照范庆祝和孙祁祥检验寿险逆向选择行为机制时所用的分析方法，本书使用双变量 Probit 模型探究内在因素对逆向选择行为的影响。双变量 Probit 模型如下：

$$Coverage_i = f(X_i) + \mu_i \tag{6-2}$$

$$Risk_i = g(X_i) + v_i \tag{6-3}$$

$$\begin{pmatrix}\mu \\ v\end{pmatrix} = N\left\{\begin{pmatrix}0 \\ 0\end{pmatrix},\ \begin{bmatrix}1 & \rho \\ \rho & 1\end{bmatrix}\right\} \tag{6-4}$$

其中，μ_i 和 v_i 分别表示保障水平和风险水平的误差项，ρ 为式（6-2）与式（6-3）之间的相关系数，X_i 为控制变量。

检验内在因素是否影响逆向选择的机制如下所示。第一步，若控制变量中不含内在因素，则内在因素的影响将体现在保障水平和风险水平的误差项中。若相关系数呈显著的负相关性，则说明健康风险低的受访者更愿意参加商业养老保险，逆向选择问题存在。此结果可能由内在因素造成。第二步，将内在因素纳入控制变量，进行双变量 Probit 检验，则可将内在因素的影响从误差项中剔除。此时若相关系数的负相关性或显著性降低，说明内在因素促进了逆向选择行为的发生。反之，说明内在因素抑制了逆向选择行为的发生。

二、机制变量说明

根据前文理论分析，现对机制变量选取作相关说明。（1）风险感知。本书将问卷 A15 问题“您觉得您目前的身体健康状况是?”作为衡量受访者健康风险感知的指标。自评健康状况是受访者对自身健康风险的特征和严重性所作出的主观判断，符合风险感知的定义。本书将受访者自我评估很健康赋值为 1，不健康程度以此类推，很不健康为 5。（2）心理状况。本书将问卷 A17 问题“在过去四周中，您感到心情抑郁或沮丧的频繁程度是?”作为衡量受访者心理状况的指标。从不抑郁或沮丧赋值为 1，消极程度以此类推，总是抑郁或沮丧为 5。（3）风险态度。本书将问卷 B6 模块第 9、第 10 问题“您是否同意‘充满风险和机会的生活比平凡而稳定的生活更令人向往’”和“您是否同意‘即使是有风险，如果有多余的钱，我会投资在报酬高的东西上’”作为衡量受访者风险态度的指标。根据受访者对风险的厌恶程度，我们将两个问题的回答加总，取值范围为 2~14，数字越大越厌恶风险。为方便分类，将 2~5、6~10、11~14 重新赋值为 1、2、3，代表风险偏好者、中立者、厌恶者。风险态度部分的数据存在一定程度的缺失，经过筛选后余下 3984 份。

三、机制检验：风险感知、心理状况、风险态度

在双变量 Probit 模型下，风险感知、心理状况相关结果如表 6-6 所示；风险态度相关结果如表 6-7 所示。可以发现，不论如何调整控制变量，相关系数都存在显著的负相关性，这说明逆向选择问题存在，与前文结果一致。在分别剥离风险感知和心理状况的过程中，相关系数的负相关性及显著性都有一定程度的下降。这意味着良好的风险感知以及心理状况对逆向选择行为起到内在的促进作用，这一结果验证了假设 2 和假设 3。这说明意识到自身更健康的个人，发生逆向选择行为的动机更强烈；心理状况越良好的个人越能保持身体健康，且参加商业养老保险的意愿也更加强烈。当两者同时从误差项中剥离出来时，相关系数的负相关性和显著性较两者都不剥离时也有下降，但相对于只剥离风险感知时几乎一致。这说

表 6-6　基于双变量 Probit 模型的内在机制分析（风险感知、心理状况）

变量	控制变量不含风险感知和心理状况		控制变量中加入风险感知		控制变量中加入心理状况		控制变量同时包含风险感知和心理状况	
	商业养老保险	健康风险	商业养老保险	健康风险	商业养老保险	健康风险	商业养老保险	健康风险
性别	-0.120***	-0.0574**	-0.129***	-0.0217	-0.124***	-0.0269	-0.130***	-0.00503
	(0.0372)	(0.0251)	(0.0374)	(0.0261)	(0.0372)	(0.0261)	(0.0374)	(0.0267)
年龄对数	-0.164**	0.638***	-0.0457	0.213***	-0.163**	0.671***	-0.0504	0.333***
	(0.0675)	(0.0454)	(0.0700)	(0.0484)	(0.0675)	(0.0472)	(0.0703)	(0.0499)
受教育水平	0.256***	-0.157***	0.249***	-0.138***	0.252***	-0.133***	0.248***	-0.125***
	(0.0209)	(0.0146)	(0.0210)	(0.0151)	(0.0210)	(0.0151)	(0.0210)	(0.0154)
户口	0.275***	-0.0893***	0.273***	-0.0755**	0.268***	-0.0247	0.271***	-0.0297
	(0.0442)	(0.0294)	(0.0443)	(0.0304)	(0.0443)	(0.0306)	(0.0444)	(0.0312)
收入对数	0.0442***	-0.0212***	0.0416***	-0.0128***	0.0435***	-0.0156***	0.0415***	-0.0106***
	(0.00597)	(0.00348)	(0.00599)	(0.00362)	(0.00598)	(0.00363)	(0.00599)	(0.00372)
子女数量	0.0101	0.00290	0.00551	0.0198	0.0104	-0.00194	0.00584	0.0107
	(0.0238)	(0.0149)	(0.0240)	(0.0156)	(0.0239)	(0.0156)	(0.0240)	(0.0160)
社保	-0.204***	0.0830	-0.199***	0.0614	-0.204***	0.0755	-0.199***	0.0602
	(0.0737)	(0.0522)	(0.0740)	(0.0543)	(0.0737)	(0.0542)	(0.0740)	(0.0556)
风险感知			-0.127***	0.460***			-0.122***	0.368***
			(0.0201)	(0.0139)			(0.0211)	(0.0147)
心理状况					-0.0552***	0.493***	-0.0168	0.405***
					(0.0200)	(0.0143)	(0.0212)	(0.0152)

续表

变量	控制变量不含风险感知和心理状况		控制变量中加入风险感知		控制变量中加入心理状况		控制变量同时包含风险感知和心理状况	
	商业养老保险	健康风险	商业养老保险	健康风险	商业养老保险	健康风险	商业养老保险	健康风险
常数项	-1.722***	-1.722***	-1.843***	-1.301***	-1.596***	-2.988***	-1.798***	-2.431***
	(0.260)	(0.178)	(0.261)	(0.184)	(0.264)	(0.188)	(0.268)	(0.193)
相关系数 ρ	-0.0829***		-0.0490**		-0.0724***		-0.0502**	
	(0.0231)		(0.0234)		(0.0237)		(0.0239)	
系数 ρ 的 P 值	0.000		0.036		0.002		0.035	
观测值	11462		11462		11462		11462	

明风险感知对逆向选择行为的促进作用大于心理状况。风险态度的实证结果相反。在剥离风险态度后，相关系数的负相关性和显著性都有一定程度的提升。这说明风险的偏好态度对逆向选择行为起到内在的抑制作用，这一结果验证了假设 4。

表 6-7　基于双变量 Probit 模型的内在机制分析（风险态度）

变量	控制变量不含风险态度		控制变量中加入风险态度	
	商业养老保险	健康风险	商业养老保险	健康风险
性别	-0. 0841	-0. 0997 **	-0. 0884	-0. 102 **
	(0. 0618)	(0. 0423)	(0. 0619)	(0. 0424)
年龄对数	-0. 102	0. 546 ***	-0. 0731	0. 559 ***
	(0. 114)	(0. 0780)	(0. 116)	(0. 0785)
受教育水平	0. 274 ***	-0. 152 ***	0. 272 ***	-0. 154 ***
	(0. 0351)	(0. 0247)	(0. 0351)	(0. 0247)
户口	0. 335 ***	-0. 133 ***	0. 335 ***	-0. 132 ***
	(0. 0730)	(0. 0494)	(0. 0730)	(0. 0494)
收入对数	0. 0414 ***	-0. 0194 ***	0. 0402 ***	-0. 0198 ***
	(0. 00982)	(0. 00584)	(0. 00984)	(0. 00585)
子女数量	0. 0308	0. 0198	0. 0297	0. 0197
	(0. 0390)	(0. 0249)	(0. 0390)	(0. 0249)
社保	-0. 203 *	0. 111	-0. 198 *	0. 114
	(0. 118)	(0. 0831)	(0. 118)	(0. 0831)
风险态度			-0. 0851 *	-0. 0480
			(0. 0495)	(0. 0341)
常数项	-2. 037 ***	-1. 428 ***	-1. 946 ***	-1. 364 ***
	(0. 446)	(0. 306)	(0. 449)	(0. 309)
相关系数 ρ	-0. 0898 **		-0. 0916 **	
	(0. 0385)		(0. 0385)	
系数 ρ 的 P 值	0. 020		3984	
观测值	0. 017		3984	

注：*** 、** 、* 分别表示 1%、5%、10%的显著水平。

第六节　结论与启示

一、研究结论

本书首先基于大量国内外关于逆向选择问题的理论与实证文献，结合我国人口老龄化导致养老压力上行的研究背景，提出中国商业养老保险市场存在逆向选择问题的假设；并选取 2018 年 CGSS 数据，使用 Probit 模型对上述假设展开了实证研究。将是否参加商业养老保险作为衡量保险保障水平的被解释变量；基于健康风险与长寿风险负相关的前提，将受健康问题困扰的频率作为衡量受访者健康风险水平的解释变量；同时，控制了性别、年龄、受教育水平、户口、收入、子女数量、社保的影响。研究结果表明，中国商业养老保险市场中存在逆向选择问题。

其次基于样本的年龄、户口和收入分组展开异质性分析，探究不同人群逆向选择行为的区别。结果发现，仅青年人群中不存在逆向选择问题，中老年人群、城乡人群和不同收入人群中都存在逆向选择现象；中年群体中的逆向选择问题比老年群体严重，城镇人口比农村人口严重，收入较高者比收入较低者严重。年龄与是否参保在青年人群中呈正相关关系、在中年人群中呈负相关关系。社保的挤出效应在青年人群和高收入人群中不存在。

再次采用 2015 年数据和 2018 年剔除老年人群样本的数据进行稳健性检验，回归结果证明逆向选择问题存在的结论是稳健的。同时，为解决内生性问题，使用“由于生病或受伤住过几次院”这一指标作为健康风险的工具变量，工具变量 Probit 方法的检验结果证明内生性问题不影响研究结果的稳健性。

最后还研究了风险感知、心理状况和风险态度对逆向选择行为造成的内在影响。以“自评健康状况”衡量受访者的风险感知、以抑郁或沮丧的严重程度衡量受访者的心理状况、以对生活中的风险和投资方式的看法衡量受访者的风险态度。借鉴国内学者的做法，使用双变量 Probit 模型并在控制变量上进行调整以检验这三者对逆向选择行为的影响。结果发现，充分感知自身健康以及良好的心理状况都会促进逆向选择行为的发生，对风险的偏好态度则会抑制逆向选择行为的发生。

二、政策建议

（一）推动养老保险产品创新，设计适用于不同风险参保者的保险产品

在实际经营中，无法区分不同长寿风险的客户群体是导致逆向选择问题出现的重要原因。因此，国内寿险公司可借鉴国外的创新型产品，如强化型年金产品（对预期寿命低于平均水平的参保者给予更高水平待遇的年金）、增长型年金产品（参保者每年领取的年金金额比前一年高），通过不同类型的创新型保险产品吸引不同风险的客户投保，达到分离不同风险客户群体并缓解逆向选择问题的目的。

（二）完善养老保险产品功能，宣传可吸引风险偏好者参保的产品优势

本书的实证研究结论一定程度上证实了风险感知、心理状况以及风险态度对逆向选择行为的影响。鉴于前两者会促使逆向选择行为发生，所以本书主要聚焦风险态度对逆向选择行为的影响，建议寿险公司进一步完善商业养老保险产品的保障和投资功能，创新开发能与其他养老产品积累的养老资金有效对接的商业养老保险产品，通过宣传其终身领取、税收递延等独特优势，吸引更多风险偏好者参加商业养老保险。

第七章

中国商业养老保险发展的动力机制

第一节 问题的提出

中国进入人口老龄化社会已近 20 年[①]，2019 年的老龄化程度已达 12.57%，老龄化程度不断加重，养老保障体系面临着极大的挑战。全球经验表明，单靠政府支撑的基本养老保险，无法满足人民持续和高质量的养老保障需求。发展商业养老保险并使之成为养老保障体系的重要组成部分，不仅是理论界的共识，也已经列入国家的大政方针。然而，中国商业养老保险的发展明显低于预期，郑秉文（2016）强调“规模太小，可以忽略不计”。

美国是全球商业养老保险规模最大的市场。1974 年的《雇员退休收入保障法》规定商业养老保险可以享受税收递延[②]，促成了个人退休金账户（Individual Retirement Accounts，IRAs）的出现与发展，2018 年底 IRA 的存量资产已达 8.8 万亿美元，占整个美国退休金市场总资产的 32.5%[③]。基于美国经验，二十多年前学者们就开始呼吁中国启动税收递延型商业养老保险（朱铭来和孟朝霞，1996），郑秉文（2016）也指出“延税型商业养老保险政策出台，意味着中国三支柱养老保障体系将走向快车道”。2017 年 7 月，国务院办公厅发布《关于加快发展商业养老保险的若干意见》，提出“启动个人税收递延型商业养老保险试点”；2018 年 4 月，财政部下发《关于开展个人税收递延型商业养老保险试点的通知》，决定自 2018 年 5 月 1 日起实施个人税收递延型商业养老保险试点。人们盼望二十多年的“叫好”的税收递延型商业养老保险终于落地。

---

① 老龄化程度指标可以有两个：60 岁及以上人口占比达到 10%或者 65 岁及以上人口占比达到 7%。本章使用的老龄化程度指标大多为后者，按照这一标准，中国于 2001 年进入人口老龄化社会。

② 一定标准内的投保人缴费额可以在个人所得税税前抵扣，等到领取养老金时再缴纳个人所得税。

③ 数据来自“2019 Investment Company Fact Book：A Review of Trends and Activities in the Investment Company Industry”第 158 页，Investment Company Institute，www.ici.org。

然而，试点情况却不尽如人意。郑秉文（2019）指出个人税收递延型商业养老保险“试点一年多来，效果还是大大低于预期”。[①]“叫好”的税收递延型商业养老保险却“不叫座”，令人深思。

他山之石，可以攻玉。试点时间太短、数据匮乏，本书将基于美国数据进行有关研究，力图发现税收递延型商业养老保险“叫好不叫座”的背后缘由，并提出合理的政策建议，因而研究有着重大的实践意义。

第二节　文献综述

税收递延型商业养老保险有关研究的一个核心领域是税收优惠政策的激励效果问题。Yaari（1965）指出，人们购买年金是为了应对收入和消费带来的不确定性，并指出年金是储蓄的重要组成部分，这一结论已经被学者们广泛接受。因此，税收优惠政策如何影响商业养老保险的有关研究从属于 Sandmo（1985）提出的税收影响私人储蓄数量和结构的研究范围。事实上，税收优惠政策影响商业养老保险的主要观点可以归纳为两大类。

一是税收优惠促进了包括商业养老保险在内的 IRAs 储蓄的数量增长。Summers（1981）指出，税收政策的变化会影响生命周期框架下人们的储蓄决定。Sandmo（1985）进一步证明了税收政策与私人储蓄的正相关性关系，并得到了 Bernheim（2002）的认同。由于美国 1974 年实施的 IRAs 提供了较为丰富的数据，有关的实证研究也更多围绕美国数据展开。Venti 和 Wise（1990）的调查数据表明，许多美国人会因为 IRAs 的税收优惠而进行更多的储蓄。Feenberg 和 Skinner（1989）指出 IRAs 储蓄是新的储蓄，该结论得到了 Hubbard 和 Skinner（1996）以及 İmrohoroğlu 等（1998）的支持。上述研究结论均表明税收优惠政策带来了储蓄的正激励效果。

① 2019 年 10 月 20 日召开的“个税递延型商业养老保险深化改革与扩大试点”研讨会发布的《个人税收递延型商业养老保险试点存在的问题与改革的方向》。

Thaler（1994）的研究也表明，即使 IRAs 没有鼓励家庭的长期储蓄，也延迟了家庭的储蓄流出。

二是税收优惠并未带来新的 IRAs 储蓄，而是引发了私人储蓄的结构变化。Summers（1981）提出的税收政策影响人们储蓄决定的观点一经提出，就受到了其他学者的挑战（Evans，1983）。Bernheim（2002）也指出，受流动性约束以及遗赠动机等因素的影响，Summers（1981）的结论未必准确。Hubbard（1984）的理论和实证研究均表明，由于人们会比较不同税收优惠支持性储蓄计划的边际税率，因此 IRAs 的税收储蓄激励效果取决于 IRAs 与其他储蓄计划的边际税率比较。Bernheim 和 Scholz（1993）的实证研究表明，IRAs 税收优惠政策对富裕人群的激励效果不明显，人们更愿意选择其他的储蓄计划。Gale 和 Scholz（1994）的研究结果表明，由于新增的 IRAs 储蓄几乎完全来自其他储蓄账户的挤出效应，因此 IRAs 新增的储蓄几乎可以忽略不计。Gale 和 Scholz（1994）的结果还得到了 Engen 等（1996）、Gale（1998）以及 Attanasio 和 DeLeire（2002）的支持。之后的实证研究对象开始拓展到其他国家的 IRAs 数据。Attanasio 和 Rohwedder（2003）基于英国数据的实证同样支持 Gale 和 Scholz（1994）的结论。Chetty 等（2014）使用丹麦数据，将人们区分为被动人群和主动人群，发现被动人群并不因税收优惠政策影响而增加 IRAs 储蓄，主动人群因税收优惠所增加的 IRAs 储蓄完全来自其他储蓄账户的挤出效应。Andersen（2018）采取准实验方法对丹麦 2010 年的税收政策效果进行了实证研究，也发现增加的 IRAs 储蓄完全来自其他储蓄账户的挤出效应。

总而言之，尽管学者们对于税收优惠政策带来的 IRAs 规模增长究竟是来自新储蓄还是其他储蓄的挤出效应有着争议，但税收优惠政策确实带来了 IRAs 规模的增长，这也是税收递延型商业养老保险“叫好”的理论解释。以乔伟和锁凌燕（2017）、李心愉和段志明（2017）为代表的国内研究也从不同角度指出税收优惠政策的激励效果可能并不像人们传统认知的那样有效，但涉及税收递延型商业养老保险初期“不叫座”的理论和实证研究还不多见。

事实上，从时间跨度看，“叫好”对应的更多的是长期，而“不叫座”对应的却是短期。由于现有研究大多使用微观个体截面数据，不容易在同一框架下区分长期和短期，因此很难同时解释“叫好”和“不叫座”两种似乎对立的现象。本书在标准的生命周期消费框架下尝试建立了税收优惠影响商业养老保险购买的长期和短期模型，并使用 1977—2016 年的美国年度数据进行了实证检验，解释了税收递延型商业养老保险“叫好不叫座”的原因。

第三节　税收递延型商业养老保险的长期和短期决定模型

一、税收递延型商业养老保险的长期决定模型

（一）累计储蓄和当年储蓄

不考虑预防性储蓄和遗产动机，根据生命周期消费理论的基本框架，令 S_t 表示第 t 年末的累计储蓄；y_t 表示第 t 年的收入；c_t 表示第 t 年的消费；i_t 表示第 t 年的利率，且 $i_0 = 0$。则有：

$$S_t = \sum_{m=1}^{t} \left[(y_m - c_m) \prod_{m=1}^{t-1} (1 + i_{m+1}) \right]，\text{其中 } m = 1，2，\cdots，t。 \quad (7-1)$$

令 ΔS_t 表示第 t 年当年的储蓄，则有：

$$\Delta S_t = S_t - S_{t-1} = y_t - c_t + S_{t-1} \times i_t \quad (7-2)$$

假定税收优惠可以带来新的储蓄，用 R_t 表示税收优惠政策带来的第 t 年储蓄，nc_t 表示税收优惠政策下的第 t 年消费；由于寿命的不确定性会影响人们生命周期框架下的消费，可以有 $nc_t = nc_t(E_t)$，其中 E_t 表示第 t 年对应的期望寿命，有：

$$\Delta S_t = S_t - S_{t-1} = y_t - nc_t(E_t) + R_t + S_{t-1} \times i_t \quad (7-3)$$

（二）长期决定模型

根据 Yaari（1965）年金保险是最优储蓄方式的结论，商业养老保险

可以看作储蓄的重要组成部分。根据寿险公司的业务实践，式（7-3）ΔS_t中的商业养老保险储蓄部分由两部分构成：第 t 年的养老保险缴费额和第 $t-1$ 年末养老保险准备金的第 t 年利息。如果用 INS_t 表示第 t 年的养老保险缴费额，可以建立税收递延型商业养老保险的长期决定模型：

$$INS_t = f_{LM}(y_t,\ E_t,\ R_t,\ \lambda_1) \tag{7-4}$$

其中 λ_1 为其他影响因素。

二、税收递延型商业养老保险的短期决定模型

（一）储蓄刚性与新增储蓄

现实中，除非收入受外部因素的冲击而明显下降，否则人们的当年储蓄与前一年储蓄相比，呈现刚性的特征：当年储蓄包括基于前一年末的刚性储蓄和当年的新增储蓄。用 $\Delta\Delta S_t$ 表示第 t 年的新增储蓄，有：

$$\Delta S_t = \Delta S_{t-1} + \Delta\Delta S_t \tag{7-5}$$

根据生命周期消费理论的基本假设，每年的消费是稳定的，可以有 $nc_t(E_t) = nc_{t-1}(E_{t-1})$。令 $\Delta y_t = y_t - y_{t-1}$，$\Delta R_t = R_t - R_{t-1}$，则：

$$\Delta\Delta S_t = \Delta S_t - \Delta S_{t-1} = \Delta y_t + \Delta R_t + S_{t-1} \times i_t - S_{t-2} \times i_{t-1} \tag{7-6}$$

（二）短期决定模型

类似于长期决定模型，用 ΔINS_t 表示第 t 年的新增养老保险缴费额，可以建立税收递延型商业养老保险的短期决定模型：

$$\Delta INS_t = f_{SM}(\Delta y_t,\ \Delta R_t,\ \lambda_2) \tag{7-7}$$

其中 λ_2 为其他影响因素。

第四节　税收递延型商业养老保险长期“叫好”：税收杠杆效应检验

一、变量的设定

根据式（7-4），长期决定模型中各变量的度量指标分别如下：

（一）养老保险缴费额

由于年金保险是最典型的养老保险，本书用各年的个人商业年金保费收入作为养老保险缴费额的具体度量指标。

（二）收入

人均 GDP 是度量收入的经典指标。一般而言，人均 GDP 越高，用于储蓄的数额会越高，选择用商业养老保险方式配置储蓄的数额也会增加。本书预期人均 GDP 与养老保险缴费额呈正向关系。

（三）期望寿命

老龄化程度是度量期望寿命的常见指标。一般来讲，一国的老龄化程度越高，人们会倾向于选择养老保险方式进行储蓄。本书预期老龄化程度指标与养老保险缴费额呈正向关系。

（四）税收优惠政策

税收递延是商业养老保险税收优惠政策的常见手段。1974 年，美国立法对个人年金账户实施税收递延推动了美国个人年金保险业务的发展，因此税收递延的标准——税收抵扣额可以用作税收优惠政策的度量指标。本书预期该指标与养老保险缴费额呈正向关系。

二、数据的选取

个人商业年金保费收入名义数据来自美国人寿保险委员会 ACLI（The American Council of Life Insurers）；税收抵扣额名义数据来自美国财政部国内税收署 IRS（Internal Revenue Service）；65 岁以上人口比例、人均 GDP 实际数据来源于世界银行（World Bank）数据库，样本区间均为 1977—2016 年。

为了克服通货膨胀的影响，本书以 2010 年数据为基期，利用各年的 GDP 平减指数[①]，对名义数据进行调整。1977—2016 年美国个人商业年金保费收入实际数据和 IRAs 税收抵扣额实际数据分别见表 7-1 和表 7-2。

① GDP 平减指数数据来自世界银行数据库。

表 7-1 1977—2016 年美国个人商业年金保费收入实际数据 单位：百万美元

年份	保费	年份	保费	年份	保费	年份	保费
1977	13114	1987	57070	1997	117025	2007	200185
1978	11990	1988	71503	1998	122512	2008	213124
1979	12374	1989	77666	1999	146172	2009	130427
1980	14361	1990	81350	2000	176851	2010	189946
1981	21467	1991	75805	2001	171200	2011	213430
1982	29850	1992	87995	2002	200478	2012	182076
1983	26461	1993	107861	2003	193659	2013	170017
1984	28662	1994	110888	2004	195515	2014	230580
1985	36943	1995	103970	2005	183799	2015	192219
1986	45271	1996	110945	2006	199727	2016	183800

资料来源：ACLI。

表 7-2 1977—2016 年美国 IRAs 税收抵扣额实际数据 单位：美元

年份	税收抵扣额	年份	税收抵扣额	年份	税收抵扣额	年份	税收抵扣额
1977	4321	1987	3381	1997	2595	2007	4160
1978	4038	1988	3266	1998	2567	2008	5100
1979	3730	1989	3144	1999	2528	2009	5061
1980	3421	1990	3032	2000	2472	2010	5000
1981	3129	1991	2934	2001	2417	2011	4899
1982	3929	1992	2869	2002	3571	2012	4810
1983	3779	1993	2802	2003	3501	2013	5207
1984	3650	1994	2744	2004	3407	2014	5126
1985	3537	1995	2688	2005	4402	2015	5060
1986	3467	1996	2639	2006	4270	2016	4997

资料来源：美国 IRS。

三、模型的设定

（一）变量相关性分析

为减少社会经济数据自身的波动，避免时间序列数据的自相关问题，我们对变量数据进行了对数化处理。为保证实证模型的合理性，运用

Stata15 软件分别输出个人 GDP、老龄化程度、税收抵扣额与个人商业年金保费收入关系的散点图。

从图 7–1、图 7–2 和图 7–3 可以看出，人均 GDP、人口老龄化程度与个人商业年金保费收入之间呈比较显著的线性关系。但是，税收抵扣额与个人商业年金保费收入之间未呈显的线性关系，因此实证模型的设定需要考虑两者的非线性关系。

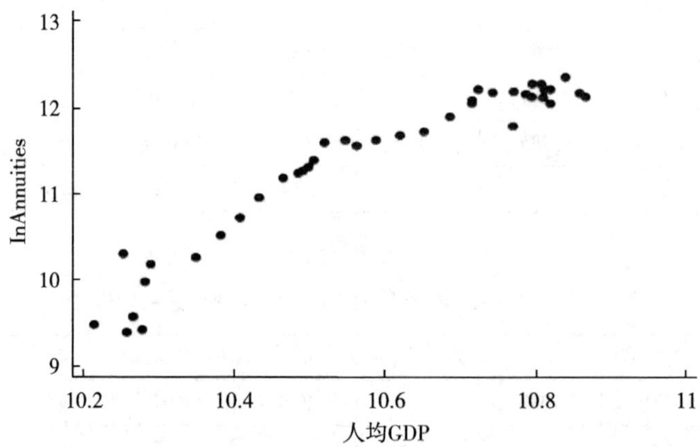

图 7–1　人均 GDP 与个人商业年金保费收入关系散点图

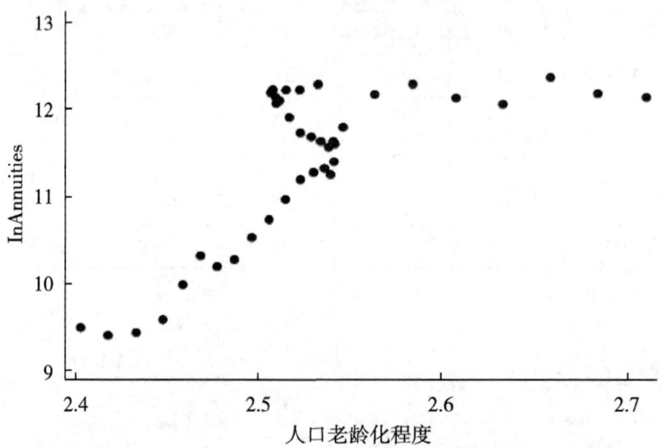

图 7–2　人口老龄化程度与个人商业年金保费收入关系散点图

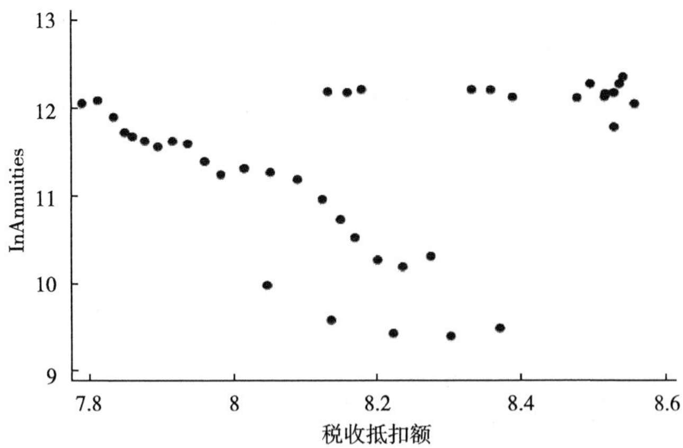

图 7-3　税收抵扣额与个人商业年金保费收入关系散点图

（二）实证模型

根据上文的分析，长期决定模型式（7-4）对应的实证模型如下：

$$\ln Annuities_t = \alpha_1 \ln PerGDP_t + \alpha_2 \ln Aging_t + \alpha_3 \ln TaxDe_{t-1} + \alpha_4 (\ln TaxDe_{t-1})^2 + \mu_t \tag{7-8}$$

从经济学和人口学的视角看，如果人均 GDP 趋向于 0，社会中没有 65 岁以上人口，即使存在税收优惠，人们既不会也没有经济能力来购买个人商业年金保险。因此，实证模型式（7-8）不含截距项。由于税收抵扣额与个人商业年金保费收入之间未呈明显线性关系，因此模型引入了税收抵扣额的平方项。

其中，*Annuities* 表示实际个人商业年金保费收入（百万美元）；*Aging* 为 65 岁及以上人口比例；*PerGDP* 为人均 GDP（美元）；*TaxDe* 表示实际税收抵扣额（美元）；μ 为随机干扰项；t 表示年份。考虑到国家经济政策的滞后性，而且模型中的税收抵扣额平方项可能会放大滞后效应，导致模型设定有误，因此使用的实际税收抵扣额数据为 $t-1$ 年数据。

（三）实证结果

实证模型的怀特检验结果为 0.0896，大于 5%，说明模型不存在异方差。通过检验，发现模型的方差膨胀因子远远大于 10，模型可能存在严重的多重共线性问题。由于数据的时间跨度只有 40 年，样本数不充足，为了解决模型多重共线性问题，我们考虑利用拔靴法（Bootstrap）扩大样本观测值。使用软件 Stata15 对原始数据进行了 400 次抽样，具体实证结果如下。

表 7-3 使用 Bootstrap 法的 STATA 输出结果

Number of obs = 40 Replications = 400

	观测系数	自助标准误	z 统计量	P 值	基于正态的 95%置信区间
$\ln Annuities_t$	9. 481438	0. 8753412	10. 83	0. 000	(7. 7658，11. 19707)
$\ln PerGDP_t$	10. 21414	0. 2068193	49. 39	0. 000	(9. 80878，10. 6195)
$\ln Aging_t$	2. 40277	0. 0664712	36. 15	0. 000	(2. 272489，2. 533051)
$\ln TaxDe_{t-1}$	8. 371337	0. 2504979	33. 42	0. 000	(7. 88037，8. 862304)
$(\ln TaxDe_{t-1})^2$	70. 07928	4. 102571	17. 08	0. 000	(62. 03839，78. 12018)

从实证结果看，各解释变量均通过了检验，而且拟合效果都十分显著。其中，人均 GDP、65 岁及以上人口比的系数分别为 10. 21、2. 40，与个人商业年金保费收入呈明显正相关，也与预期相一致。

税收抵扣额与个人商业年金保费收入呈对数非线性的正相关关系，与预期吻合。式（7-8）对 $TaxDe$ 求偏导，可得：

$$\frac{dAnnuities}{dTaxDe} \times \frac{TaxDe}{Annuities} = \alpha_3 + 2\alpha_4(\ln TaxDe) \qquad (7-9)$$

式（7-9）表明，税收抵扣额对于个人商业年金保费收入的影响可以分为两部分，一部分来自 α_3，该部分表示税收抵扣额变动 1 单位时，个人商业年金保费收入将变动 α_3，影响是相对稳定的；另一部分来自 $2\alpha_4(\ln TaxDe)$，该部分表示税收抵扣额变动 1 单位时，个人商业年金保费收入将变动 $2\alpha_4(\ln TaxDe)$，影响并不是稳定的，取决于税收抵扣额的数值；两部分影响加总结果显示，税收抵扣额变动 1 单位时，个人商业年金保费收入将变动 8. 37% + [140. 16($\ln TaxDe$)]%。实证结果表明，长期来看，随着税收抵扣额的增加，个人商业年金保费收入将呈明显的加速增长，税收激励效应可以看作正向杠杆效应。

第五节 税收递延型商业养老保险短期“不叫座”：税收不相关性实证

一、变量的设定

根据式（7-7），短期决定模型中各变量的度量指标分别如下：

（一）新增养老保险缴费额

由于大多数年金保险为期交年金产品，因此可以用当年与上一年的个人商业年金保费收入之差作为新增养老保险缴费额的具体度量指标。

（二）收入变化

本书用当年与上一年的实际人均 GDP 之差作为度量收入变化的指标。一般而言，人均 GDP 增长得越快，个人商业年金保费收入额也会增长得越快。预期人均 GDP 差与新增养老保险缴费额呈正向关系。

（三）税收优惠变化

本书同样用当年与上一年的税收抵扣额之差作为税收优惠变化的指标，并预期税收抵扣额变化指标与新增养老保险缴费额呈正向关系。

二、模型的设定

（一）广义加性模型

传统的线性回归模型需要满足线性的假设前提，而且模拟自变量和因变量的线性关系和非线性关系都有着局限性。为了克服线性模型的局限，Hastie 和 Tibshirani（1986）提出了广义加性模型（Generalized Additive Models，GAMs），在因变量服从某种分布的条件下，模型中每一个加性项可以分别解释因变量怎样随自变量变化而变化。

（二）实证模型

用 $\Delta Annuities_t$ 表示短期决定模型中因变量新增养老保险缴费额的度量

指标——个人商业年金保费收入之差，且 $\Delta Annuities_t = Annuities_t - Annuities_{t-1}$，表示第 t 年新增个人商业年金保费收入（百万美元）。使用 R3.6.0 软件，输入 1977—2016 年的 $\Delta Annuities_t$ 相关数据，结果显示符合正态分布（见图 7-4）。

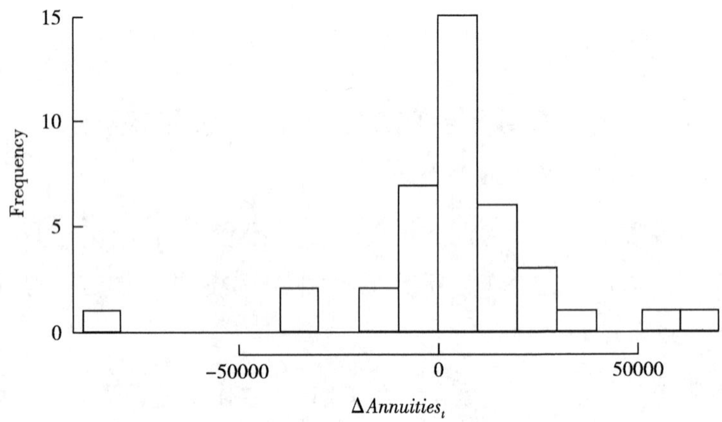

图 7-4 $\Delta Annuities_t$ 的分布

因此，短期决定模型式（7-7）对应的实证模型适用于广义加性模型[①]，具体的实证模型如下：

$$s[E(\Delta Annuities_t)] = \beta_0 + g_1(\Delta PerGDP_t) + g_2(\Delta TaxDe_t) \quad (7-10)$$

其中，$\Delta PerGDP_t = PerGDP_t - PerGDP_{t-1}$，表示第 t 年实际人均 GDP 的增长额（美元）；$\Delta TaxDe_t = TaxDe_t - TaxDe_{t-1}$，表示第 t 年实际税收抵扣额的变化额（美元）；β_0 为截距项[②]。数据来源与长期模型对应的实证模型数据来源完全一致。

（三）实证结果

使用 R3.6.0 软件，对式（7-10）进行数据分析，分析结果分别见图 7-5 和图 7-6。

实证结果表明，$\Delta PerGDP_t$ 与 $\Delta Annuities_t$ 的相关性为正，并呈显著关系

① 长期模型对应因变量的数据分布未体现出某种分布的明显特征，因此不适用广义加性模型。

② 与长期模型不同，短期模型考察的是增量，因此存在截距项。

（P 值为 0.0057），与预期结果一致；$\Delta TaxDe_t$ 与 $\Delta Annuities_t$ 的非线性相关性不显著（P 值为 0.3449），与预期结果不一致。

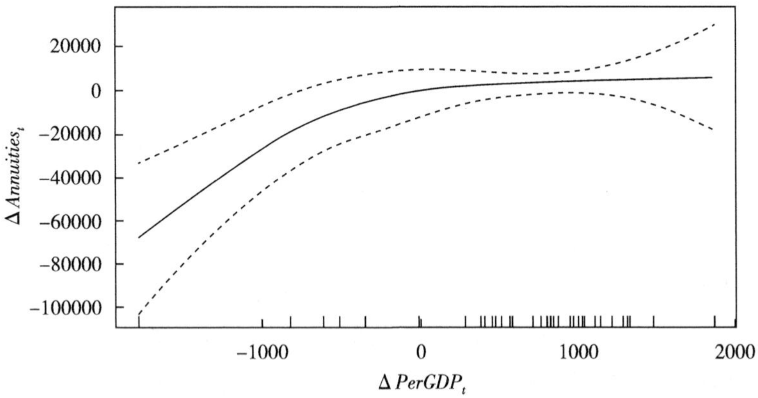

图 7-5　$\Delta PerGDP_t$ 与 $\Delta Annuities_t$ 的相关关系分析

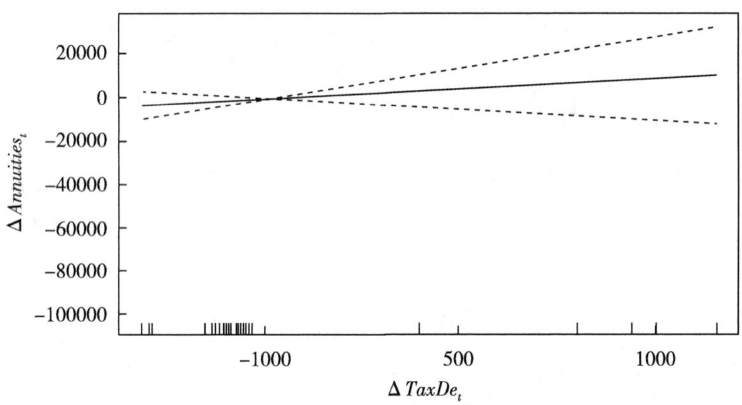

图 7-6　$\Delta TaxDe_t$ 与 $\Delta Annuities_t$ 的相关关系分析

第六节　实证结论

本书分别检验了税收优惠政策影响美国商业养老保险规模的长期效应和短期效应，发现长期为加速度的杠杆正效应，但短期效果不明显。尽管实证结果源自美国数据，但对中国税收递延型商业养老保险的发展有着重要的借鉴意义。

一、税收优惠政策对商业养老保险的长期发展呈现明显的杠杆效应

基于美国数据的长期模型实证结果表明，税收优惠对于商业养老保险的激励效应为递增的非线性关系，激励效应包括固定比例部分（α_3）和与税收优惠正相关的杠杆部分［$2\alpha_4(\ln TaxDe)$］。这种正杠杆效应对于中国的启示在于，税收优惠政策在长期内能够快速推动商业养老保险的发展，实施税收递延型商业养老保险能够有效助力中国养老保障体系第三支柱的稳固和发展。

需要强调的是，实证研究仅仅表明税收优惠政策带来了美国商业养老保险规模的增长，但这种增长究竟是源自人们新的储蓄还是原有储蓄的挤出效应，本书未作证明。中国税收递延型商业养老保险开展的时间还不长，相关数据还不丰富，未来有必要对中国税收递延型商业养老保险增长的来源进行合理的实证研究，以期为相关政策的修订提供更合理的科学依据。

二、税收优惠政策与商业养老保险的短期规模增长关联性不大

短期实证模型结果表明，税收优惠政策在短期内与商业养老保险规模增长的关系不相关。尽管这一结果与预期不一致，但仍然有着非常重要的理论和实践意义。从理论上讲，其一，实证结果表明税收优惠政策的激励效果不明显，就需要人们进行深入的理论和实证研究去挖掘这一与人们预期不同的现象背后的原因；其二，除了收入状况，可能还存在影响商业养老保险短期增长的其他重要因素，同样需要人们进一步去发现和挖掘①。从实践上讲，该实证结果符合当前中国税收递延型商业养老保险发展低于预期险的现状，可以作为税收递延型商业养老保险“不叫座”的一个合理解释。

三、发展税收递延型商业养老保险应放眼于长期而非短期

比较长期和短期模型的实证结果，可以得出一个结论：税收优惠政策

---

① 余显财（2012）以及张晏伟和王国军（2018）进行了类似的尝试。

对于商业养老保险的激励效应在长期内是显著的，但在短期内是不显著的。这一结论对于中国税收递延型商业养老保险的健康发展有着重要的政策含义。第一，对于监管部门而言，税收递延型商业养老保险试点政策的关注重点应该是税收优惠政策落地带来的适应性问题而不是险种发展速度的考量；第二，对于财税部门而言，无须担心税收递延型商业养老保险落地带来的个人所得税短期大幅下降问题，而应该支持税收递延型商业养老保险尽快从试点转向全国的大规模落地；第三，对于保险公司而言，期望税收优惠政策在短期内大幅拉动商业养老保险规模的想法并不现实，还是应该坚持保险业务整体回归保障本源。总之，中国税收递延型商业养老保险的健康发展之路可以概括为一句话：风物长宜放眼量。

第八章

养老保险购买的推动手段

从理论上讲，养老保险购买问题更多涉及的是需求方——养老保险的购买者。然而，养老保险业务的实践表明它的需求不仅与政府的支持政策有关，而且与供给方——保险公司的推动手段也有着密切的联系。因此，本书特专辟一章，探讨政府政策与保险供给对养老保险购买的推动作用。

第一节　养老保险购买的政策支持[①]

完善的养老保障体系有助于解决中国的养老问题。最常见的养老保障体系是由世界银行提出的“三支柱[②]”体系，如果“三支柱”的体系结构不稳定，养老保障体系将不容易保持持续性。在中国，第一支柱独大但财政支持难以持续，第二、第三支柱发展不快，因此需要政策介入促进养老保险业务快速发展。

一、养老保障支柱的不稳定状态

养老保障体系中的“三支柱”分别是指第一支柱的国家基本养老保障、第二支柱的企业补充养老保障[③]和第三支柱的个人储蓄型养老保障[④]。从结构上说，“三支柱”的结构要稳定，三个支柱必须匹配，不能一个支

① 由于数据获得性问题，本节部分数据更新不够，但更新后的数据不影响分析过程和结论。

② 由世界银行于 1994 年提出。之后，世界银行（2005）又提出多支柱养老金制度，包括五个支柱：第一，非缴费型养老金或“零支柱”（待遇形式为国民养老金或社会养老金），以提供最低水平的保障；第二，“第一支柱”为缴费型养老金制度，与个人的收入水平不同程度地挂钩，旨在替代部分收入；第三，强制性的“第二支柱”基本属于个人储蓄账户，但建立形式可以各有不同；第四，自愿性的“第三支柱”，可以采取多种形式（如完全个人缴费型、雇主资助型、缴费确定型或待遇确定型等），该支柱性质上比较灵活，个人可自主决定是否参加，以及缴费多少；第五，“第四支柱”为非正规的保障形式，为家庭成员之间或代际之间对老年人在经济或非经济方面的援助，还包括医疗和住房等方面的资助。见罗伯特·霍尔茨曼，理查德·欣茨等. 21 世纪的老年收入保障——养老金制度改革国际比较［M］. 北京：中国劳动社会保障出版社，2006。

③ 主要是指企业年金。

④ 本书界定的养老保险是重要构成部分。

柱太大，另一个支柱太小，否则支柱就容易倒掉。目前，中国养老保障体系中的三个支柱粗细不一，第一根太粗，第二根和第三根太细，不容易形成合力，养老保障体系稳定性不高。

（一）第一支柱增长不可持续

在中国，养老保障的第一支柱的基金总额不到 2.95 万亿元①。中国的第二支柱是企业年金基金，2011 年的基金结余额为 3570 亿元。中国的第三支柱个人年金，2011 年的保费收入②约 1040 亿元。可以说，中国养老保障体系的内部结构不合理，第一支柱的比例明显大于第二支柱和第三支柱。

当前，中国养老保障第一支柱主要包括城镇职工基本养老保险、城镇居民社会养老保险、新型农村社会养老保险以及全国社会保障基金③等。2011 年末，在第一支柱的基金结余构成④中，城镇职工基本养老保险占 66.3%，新型农村社会养老保险占 4.1%，全国社会保障基金占 29.6%，城镇职工基本养老保险明显占主体地位（见图 8-1）。

考察第一支柱的最大基石——城镇职工基本养老保险的收支增长率⑤，我们发现，2008 年之前的基本养老保险收入增长率高于支出增长率，但 2009 年以来，情况发生了变化，缴纳的比支出的要增长得慢（见图 8-2）。考察另一个指标——遵缴率⑥，我们又发现，“十一五”的五年

① 2011 年数据，包括城镇职工基本养老保险、新型农村社会养老保险的基金结余以及全国社会保障基金管理的基金资产额。由于城镇居民社会养老保险和军人退役养老保险实施时间不长，基金结余不多，因此未纳入计算。

② 由于商业保险中的个人年金业务统计历史较短，而且未统计相应准备金的具体数据，因此使用年保费收入的指标。

③ 全国社会保障基金是中国社会保障体系的兜底钱，因此应该纳入第一支柱。事实上，还应该包括军人退役养老保险和机关事业单位退休人员养老开支。

④ 不含城镇居民社会养老保险和军人退役养老保险数据。

⑤ 我们用企业部门的征缴收入数据替代收入增长率。从城镇职工基本养老保险的行业构成看，可以分为企业、个体以及机关事业单位等。由于企业部门占到了 3/4，而且更多的是强制性征缴，而个体以及机关事业单位更多的是参保部门和人员的自愿缴纳，所以考察企业部门的征缴情况能够代表城镇职工基本养老保险的收入状况。

⑥ 交费人员占参保人员的比例。

间，遵缴率每年都在下降（见图 8-3）。还有数据[①]表明，2010 年已有 14 个省市区以及新疆生产建设兵团的企业部门基本养老保险当期收不抵支。

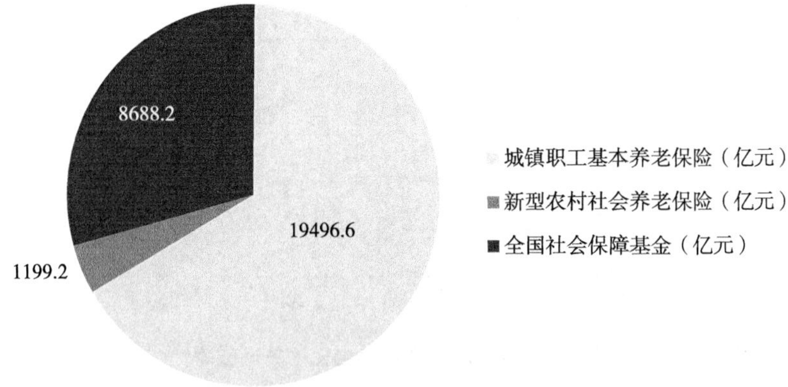

图 8-1　第一支柱的基金结余构成

（资料来源：人力资源和社会保障部网站与全国社会保障基金理事会网站）

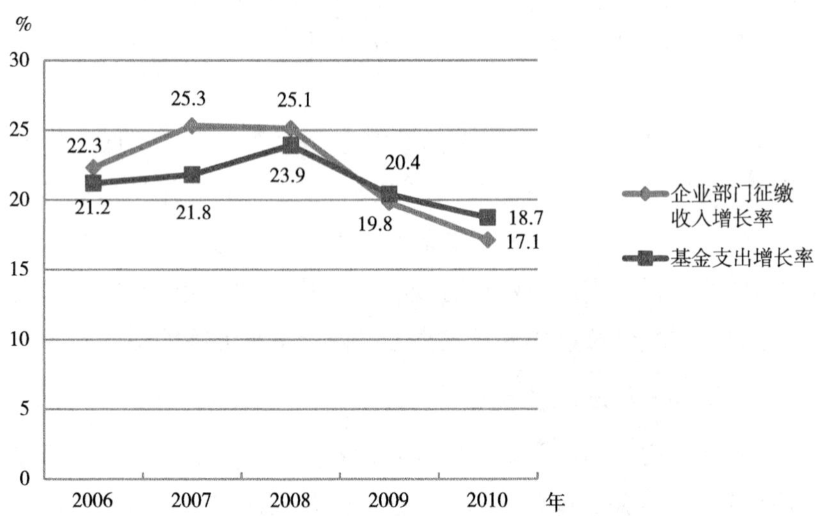

图 8-2　城镇职工基本养老保险收支增长率比较

（资料来源：郑秉文．中国养老金发展报告 2011［M］．北京：经济管理出版社，2011）

① 郑秉文．中国养老金发展报告 2011［M］．北京：经济管理出版社，2011.

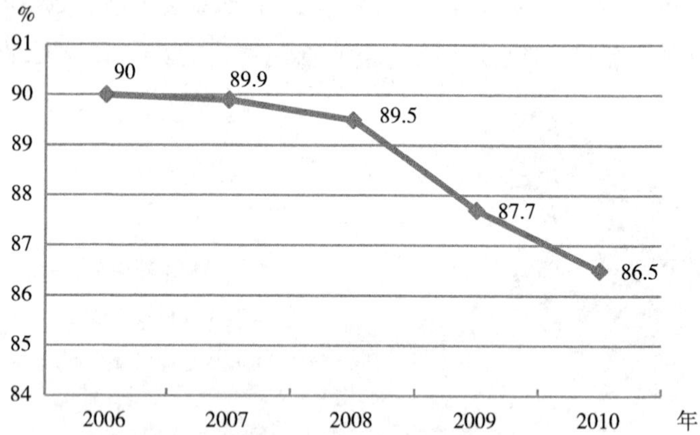

图 8-3 城镇职工基本养老保险的遵缴率

（资料来源：郑秉文．中国养老金发展报告 2011［M］．北京：经济管理出版社，2011）

近些年，国际上提出了“老龄化成本”的概念。其中的广义“老龄化成本”包括经济成长减速、财政收入减少、公共支出增加；狭义“老龄化成本”包括公共养老金支出、医疗费用支出、长期护理支出、教育支出和失业保险支出。

中国公共养老金支出占 GDP 比重仅为个位数，明显偏低。如果要提升中国第一支柱的养老保障水平，在城镇职工基本养老保险自身财务收支状况难以保证基金结余大规模增加的情况下，唯一的出路是大幅度增加国家财政的转移支付。当前，中央财政收入高增长的时代已经成为过去。显然，仅靠第一支柱维持老年人的较高养老保障水平面临着很大的困难。

（二）第二支柱进展低于预期

第二支柱的代表为储蓄型退休收入计划。储蓄型退休收入计划主要是指企业和员工共同缴费建立的非强制性退休收入计划，它的特点在于企业的参与。不同国家的储蓄型退休收入计划命名有所差异，其类型也有所不同。美国的储蓄型退休收入计划主要包括 401（k）、403（b）和 457 计划为代表的 DC 计划，中国的储蓄型退休收入计划被称作企业年金。

1. 美国的团体年金

在美国，401（k）退休计划是最普遍的退休福利计划，由雇员、雇主共同缴费建立。按照该计划，企业为员工设立专门的401（k）账户，员工每月从其工资中拿出一定比例的资金存入养老金账户，而企业一般也为员工缴纳一定比例的费用。员工自主选择证券组合进行投资，收益计入个人账户。员工退休时，可以选择一次性领取、分期领取和转为存款等方式使用。在401（k）计划中，雇员的退休福利由雇主和雇员共同负担，投资风险则由个人自己承担。其中，保险公司管理的储蓄型退休收入计划属于团体年金。借助于税收优惠，美国团体年金的缴费额在20世纪后20年增长迅速，从1977年的104.2亿美元增加到2000年顶峰的1636.2亿美元，之后稳定在1000亿~1200亿美元左右（见图8-4）。

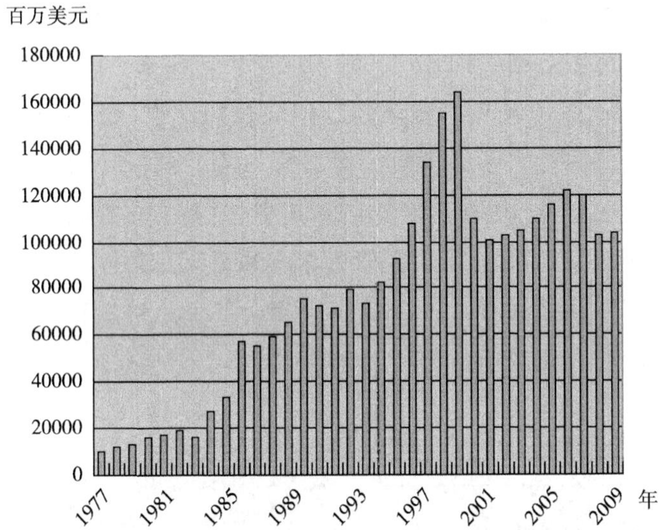

图8-4 美国团体年金的缴费额（1977—2009年）

（资料来源：ACLI）

2. 中国的企业年金

与美国相比，中国企业年金的起步时间还不长，还不发达。1991年国务院颁布的《关于企业职工养老保障制度改革的决定》中，第一次提出“国家提倡，鼓励企业实施补充养老保险”。1994年全国人大通过的《中华人民共和国劳动法》（以下简称《劳动法》）将其用法律的形式确定下来。1995年劳动部为贯彻实行《劳动法》，制定了《关于印发（建立企业补充养老保险制度的意见）通知》，对企业建立补充养老保险的基本条件、程序等提出了指导意见，确立其基本框架。国务院又分别在 1997 年和 1998 年颁布的两个重要文件中，再次强调有关部门要在国家政策指导下，大力发展企业补充养老保险制度。

2004 年，劳动和社会保障部颁布了《企业年金试行办法》，确定我国企业年金发展的框架，并且对企业年金治理结构、管理及投资运营作出规定。自 2005 年 6 月开始，劳动和社会保障部通告公布了第一批认定的 37 家企业年金基金管理机构，意味着企业年金入市开始正式启动。2007 年 11 月，原劳动和社会保障部又公布了第二批认定的 24 家企业年金基金管理机构，企业年金规模逐步发展壮大。目前，中国企业年金的受托人主体包括保险公司、银行和信托公司，其中保险公司 5 家，银行和信托公司各 3 家，共 11 家；账户管理人主体包括保险公司、银行和信托公司，其中保险公司 5 家，银行 8 家，信托公司 2 家，共 15 家；投资管理人主体包括保险公司、基金公司和证券公司，其中保险公司 7 家，基金公司 12 家，证券公司 2 家，共 21 家；托管人主体为银行，共计 10 家。

从企业年金规模来看，2011 年企业年金基金累计结存 3570 亿元，比 2006 年的 910 亿元增长近 3 倍（见图 8-5）。

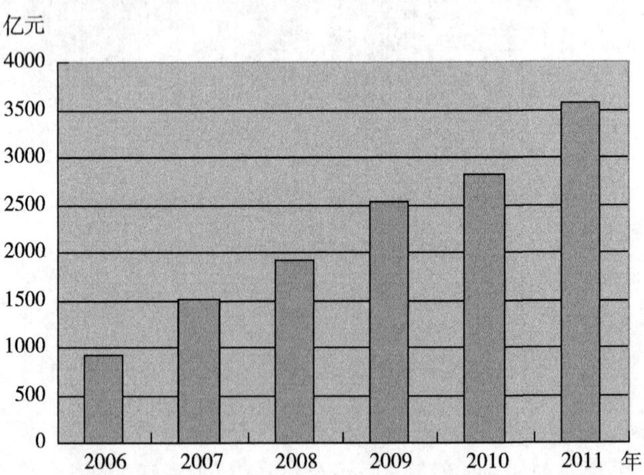

图 8-5　中国企业年金基金积累增长图（2006—2011 年）

（资料来源：人力资源和社会保障部网站）

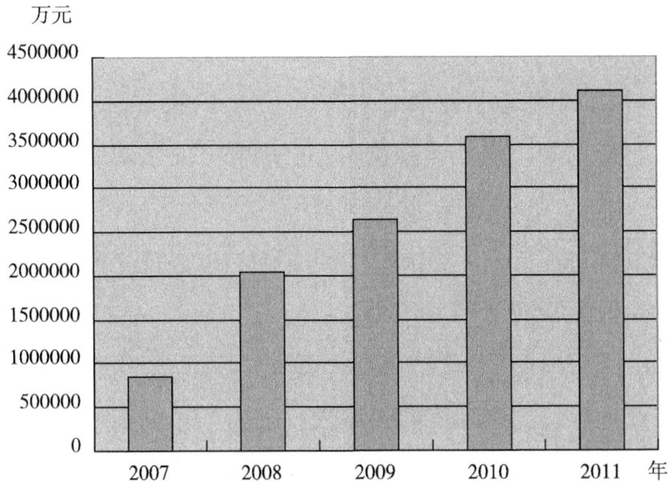

图 8-6　保险业管理的企业年金缴费增长图（2007—2011 年）

（资料来源：CIRC）

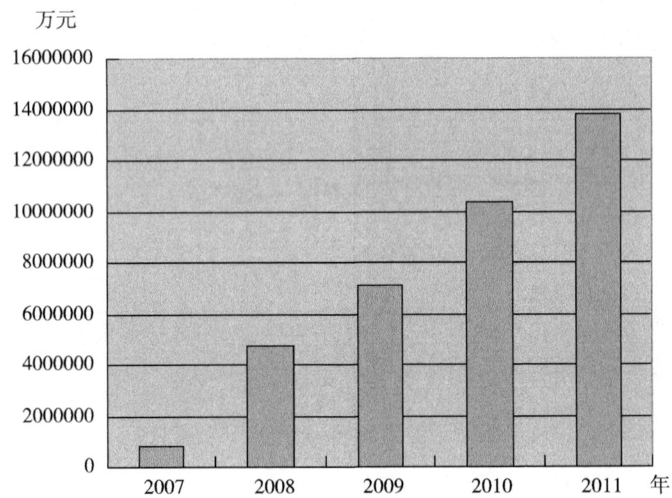

图 8-7　保险业管理的企业年金资产增长图（2007—2011 年）

（资料来源：CIRC）

在中国，保险业也是最重要的企业年金市场参与者。从缴费额规模来看，2011 年保险业共计收取年金缴费超过 410 亿元，比 2007 年的 85.5 亿元增长约 3.8 倍（见图 8-6）。从受托管理资产来看，2011 年保险业受托管理企业年金超过 1378 亿元，比 2007 年的 84 亿元增长超过 15 倍（见图 8-7）。

对比中美两国的第二支柱，差异巨大。以第二支柱最重要的参与者——保险业为例做比较分析会发现：中国保险业管理的企业年金规模仍然非常小，远低于保险业曾经预计的“十一五”末数千亿元的规模，2011 年的缴费总额甚至不到美国团体年金缴费额的 6.3%。

（三）第三支柱发展明显滞后

当前，中国养老保险[①]实践面临的最大问题是提供的养老产品难以满足人民群众日益增长的多动机购买需求，既不能适应人口老龄化带来的多支柱保障建设需要，也不符合世界第二大经济体的国际经济地位。

分析表明，与世界最大的寿险市场——美国相比，中国年金保险产品比例明显偏低，养老保障产品供给不足。2006—2011 年[②]，美国年金产品在寿险产品中的比重保持在 50%左右，而中国年金产品的比重却从 2006 年的 15.2%下降到 2011 年的 11.7%（见图 8-8）。

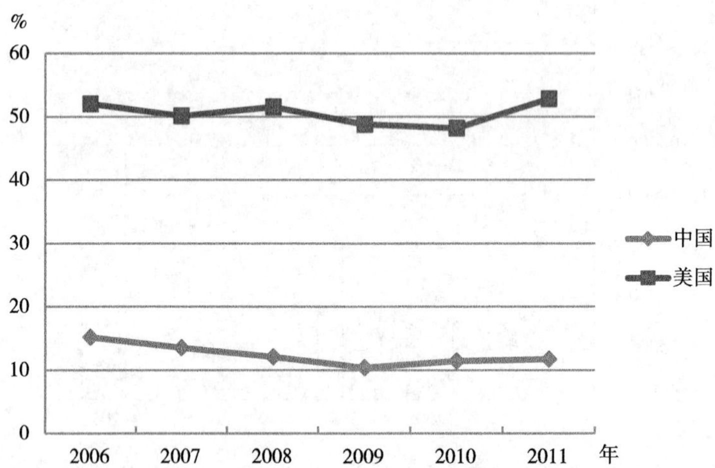

图 8-8　中美两国商业年金业务占人身保险规模的比重（2006—2011 年）

（资料来源：根据 CIRC、NAIC 和 ACLI 数据，作者自行计算）

① 指第三支柱涉及的商业养老保险业务。

② 由于数据脱密困难，未进行之后年份的比较。

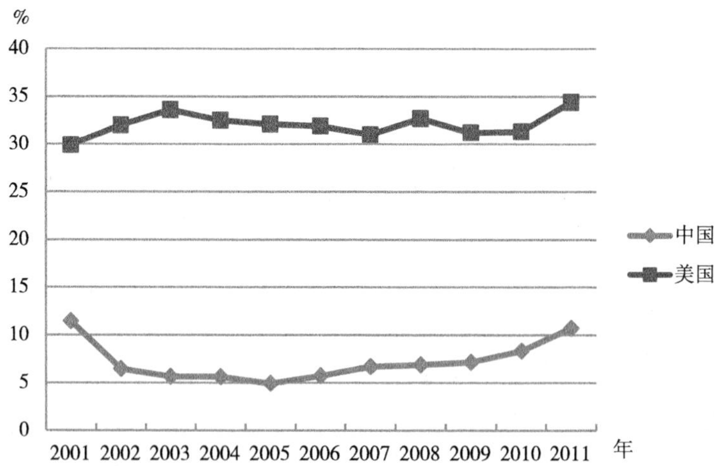

图 8-9　中美两国个人年金业务占人身保险规模的比重（2001—2011 年）

（资料来源：根据 CIRC、NAIC 和 ACLI 数据，作者自行计算）

比较中美两国个人年金产品会发现，2001—2011 年美国个人年金产品占寿险产品的比重一直保持在 30%～35%，明显高于中国的数据。尽管中国个人年金产品在人身险业务中的比重从 2006 年开始逐渐上升，但 2011 年的比重也仅为 10.7%，仅为美国同期数据的 31.1%（见图 8-9）。

二、养老保险税收优惠的实践

无论传统的“三支柱”理论，还是世界银行近年来新提出的“五支柱”理论，一个完善的国家养老保障体系需要国家基本养老制度、企业补充养老制度和个人储蓄性养老制度在内的各支柱的共同支撑。然而，对比最近三个国家五年规划纲要，从国家大政方针的表述（见表 8-1）来看，社会养老保险从“扩大实施范围”到“扩大覆盖范围”再到“完善制度”，企业年金从“鼓励”到还是“鼓励”再到“发展”，而商业保险从“发挥补充作用”到“没有表述”再到“发挥补充作用”，不难发现，社会养老保险仍然是始于 1997 年的中国养老保障体系的主体，企业年金和商业保险的发展仍然比较缓慢。

表 8-1　国家规划中的养老保障体系相关表述

	"十五"规划	"十一五"规划	"十二五"规划	"十三五"规划	"十四五"规划
国家基本养老制度（社会养老保险）	依法扩大养老保险实施范围	扩大城镇基本养老保险覆盖范围	完善实施城镇职工和居民养老保险制度	完善统账结合的城镇职工基本养老保险制度	实现基本养老保险全国统筹
企业补充养老制度（企业年金）	鼓励有条件的用人单位为职工建立企业年金	鼓励有条件的企业建立补充保险	发展企业年金和职业年金	构建包括职业年金、企业年金和商业保险的多层次养老保险体系	发展多层次、多支柱养老保险体系
个人储蓄性养老制度（商业保险）	同时发挥商业保险对社会保障体系的补充作用		发挥商业保险补充性作用		

注：未列入机关事业单位养老事业和农村养老保险等相关表述。

资料来源：国家"十五""十一五""十二五""十三五"和"十四五"规划纲要。

国际经验表明，税收优惠是推动第二、第三支柱发展的主要动力。中国第三支柱的税收优惠政策仍处于试点阶段，第二支柱的税收优惠政策是"雷声大、雨点小"。本书从第二支柱税收优惠的中美两国比较先来佐证税收政策出台面临的困境，再具体强调发展第三支柱的税收优惠措施。

在中国，2004 年 5 月 1 日施行的《企业年金试行办法》规定企业年金的"企业缴费每年不超过本企业上年度职工工资总额的十二分之一。企业和职工个人缴费合计一般不超过本企业上年度职工工资总额的六分之一"。但企业缴费 8. 33%以及企业、个人缴费 16. 67%的税前抵扣一直没有得到财税部门的认可。

2000 年，国家提出在工资总额 4%以内的企业年金企业缴费部分可以在成本中列支[①]，该规定2001年由财政部、国家税务总局发文[②]予以确认，并于2009年被提高到5%[③]，但明显低于《企业年金试行办法》的规定。

但是，企业年金的个人缴费部分不仅不能在个人所得税税前抵扣，而且企业缴费部分同样需要缴纳个人所得税。2009年国家税务总局颁布的《关于企业年金个人所得税征收管理有关问题的通知》（国税函〔2009〕694号）第一条规定，"企业年金的个人缴费部分，不得在个人当月工资、薪金计算个人所得税时扣除。"该通知第二条还指出，企业年金的企业缴费计入个人账户的部分是个人因任职或受雇而取得的所得，属于个人所得税应税收入，在计入个人账户时，应视为个人一个月的工资、薪金，不扣除任何费用，按照"工资、薪金所得"项目计算当期应纳个人所得税款，并由企业在缴费时代扣代缴。

表8-2　401（k）计划税收优惠缴费限额的历史变化

年份	法案	规定
1974	《雇员退休收入保障法》（ERISA）	雇主和雇员总缴费年度限额：25000美元或雇员总报酬25%的较小值，限额与通胀指数挂钩；1982年名义限额增长至45475美元/每年
1982	《税收公平和财政责任法案》（TEFRA）	年度限额缩减至30000美元，取消盯住通胀指数

① 2000年国务院颁布的《关于完善城镇社会保障体系的试点方案》指出，"有条件的企业可为职工建立企业年金，并实行市场化运营和管理。企业年金实行基金完全积累，采用个人账户方式进行管理，费用由企业和职工个人缴纳，企业缴费在工资总额4%以内的部分，可从成本中列支。同时，鼓励开展个人储蓄性养老保险。"

② 2001年财政部、国家税务总局《关于完善城镇社会保障体系试点中有关所得税政策问题的通知》（财税〔2001〕9号）提出"部分经济效益好的企业为职工建立的补充养老保险，缴纳额在工资总额4%以内的部分，以及企业为职工建立的补充医疗保险，提取额在工资总额4%以内的部分，准予在缴纳企业所得税前全额扣除"。

③ 2009年财政部、国家税务总局《关于补充养老保险费、补充医疗保险费有关企业所得税政策问题的通知》（财税〔2009〕27号）规定，"自2008年1月1日起，企业根据国家有关政策规定，为在本企业任职或者受雇的全体员工支付的补充养老保险费、补充医疗保险费，分别在不超过职工工资总额5%标准内的部分，在计算应纳税所得额时准予扣除。"

续表

年份	法案	规定
1986	《税收改革法案》（TRA）	维持年度总限额 30000 美元至 2000 年，单独对雇员缴费制定限额初始值 7000 美元，与通胀指数挂钩
2001	《经济增长和税收减免协调法案》（EGTRRA）	2002 年总限额为 40000 美元，盯住通胀指数；提高工资 25%的限额至 100%；雇员税前缴费限额由 2002 年的 11000 美元每年增加 1000 美元，直到 2006 年的 15000 美元固定，此后与通胀挂钩
2006	《养老金保护法案》（PPA）	将 EGTRRA 法案的限额规定永久化

资料来源：中国证监会研究中心工作报告，《美国 401（k）计划的前世今生以及对我们的启示》，中国证监会网站，2012 年 9 月 21 日。

在美国，不仅雇员工资的 15%以内的企业缴费可以在企业所得税税前扣除，而且对于企业缴费和个人缴费的税收递延有着统一和明确的规定（见表 8-2）。而在中国，正是由于税收优惠政策不到位，企业年金业务发展缓慢，截至 2011 年底，参加企业年金企业仅为 4.5 万家，参与职工数量为 1500 万人，规模为 3500 亿元，参与人数在全部就业人口中占比不到 1%。

事实上，第三支柱的商业养老保险发展同样需要政府税收优惠政策的支持。同样在美国，政府给予缺乏第二支柱保障的人们购买商业养老保险提供了可供选择的税收递延优惠（见表 8-3）。

表 8-3　符合 IRAs 要求的个人缴费所得税抵扣额变化

年份	所得税抵扣额
1975—1981	1500 美元
1982—2001	2000 美元
2002—2004	3000 美元
2005—2007	4000 美元
2008—2012	5000 美元
2013	5500 美元

资料来源：美国财政部国内税收署（Internal Revenue Service），Individual Retirement Arrangements（IRAs）For use in preparing 2012 Returns，2013 年 1 月 30 日；部分数据转引自 http://en.wikipedia.org/wiki/Individual_Retirement_Account。

随着 1974 年《雇员退休收入保障法》（*Employee Retirement Income Security Act*，ERISA）的颁布，个人退休金账户（Individual Retirement Account，IRAs）开始出现。最初，IRAs 适用的对象为缺乏第二支柱保障的人们，这一规定在 1981 年①被打破，又于 1986 年②被限制。目前，美国符合条件的个人商业养老保险的税收递延优惠主要针对是 Traditional IRA③，参加者主要为自己或者配偶都缺乏第二支柱保障的人们，税前抵扣的金额从 1975 年实施之初的 1500 美元增长到 2013 年的 5500 美元。

中国第三支柱商业养老保险的发展，同样需要税收优惠政策，税收优惠政策的出台历经十年之久。《国务院办公厅关于当前金融促进经济发展的若干意见》（国办发〔2008〕126 号）早已提出，要"积极发展个人、团体养老等保险业务，鼓励和支持有条件企业通过商业保险建立多层次养老保障计划，研究对养老保险投保人给予延迟纳税等税收优惠"。

2017 年 7 月，国务院办公厅发布《关于加快发展商业养老保险的若干意见》，提出"启动个人税收递延型商业养老保险试点"；2018 年 4 月，财政部下发《关于开展个人税收递延型商业养老保险试点的通知》，决定自 2018 年 5 月 1 日起在上海市、福建省（含厦门市）和苏州工业园区三地实施个人税收递延型商业养老保险试点。

2022 年 4 月，国务院办公厅发布《国务院办公厅关于推动个人养老金发展的意见》，指出"坚持以人民为中心的发展思想，完整、准确、全面贯彻新发展理念，加快构建新发展格局，推动发展适合中国国情、政府政策支持、个人自愿参加、市场化运营的个人养老金，与基本养老保险、企业（职业）年金相衔接，实现养老保险补充功能，协调发展其他个人商业养老金融业务，健全多层次、多支柱养老保险体系"。

2022 年 11 月，人力资源和社会保障部、财政部、国家税务总局、银保监会、证监会印发《个人养老金实施办法》，强调"加强个人养老金业务管

① 1981 年，《经济复苏税收法》（*Economic Recovery Tax Act*，ERTA）规定年龄低于 70.5 岁的人们都可以参加 TRAs。

② 1986 年，《税制改革法案》（*Tax Reform Act*，TRA）对有第二支柱保障的人们的个人养老保险缴费的税收递延进行了限制。

③ IRAs 还包括 Roth IRA 以及 SEP and SIMPLE IRA，进一步了解可浏览美国国内税收署网站。

理，规范个人养老金运作流程”。同月，财政部、国家税务总局发布《关于个人养老金有关个人所得税政策的公告》，公告指出，自2022年1月1日起，对个人养老金实施递延纳税优惠政策。在缴费环节，个人向个人养老金资金账户的缴费，按照12000元/年的限额标准，在综合所得或经营所得中据实扣除；在投资环节，计入个人养老金资金账户的投资收益暂不征收个人所得税；在领取环节，个人领取的个人养老金，不计入综合所得，单独按照3%的税率计算缴纳个人所得税，其缴纳的税款计入“工资、薪金所得”项目。该税收政策自2022年1月1日起在个人养老金先行城市实施。

事实上，可行的税收递延优惠政策可以有两种选择。一是按照养老保险产品标准，凡是符合税收部门规定的具体险种的缴费额都可以享受一定额度的税前抵扣优惠，这种思路操作相对简单，但缺乏公平性。二是按照个人收入标准，凡是收入低于一定标准的纳税人都可以享受一定额度的养老保险缴费税前抵扣，这种思路比较公平，但操作起来很复杂，一旦设计不合理很可能引发道德风险。目前的政策设计采用了第一种思路，实际上可以考虑评估利弊后调整为第二种改革思路以保证更高层次的公平。

总之，只有加快健全科学的税收优惠政策体系，中国养老保障体系的第三支柱才能够真正建立起来，使三支柱的养老保障体系健全并且持久。

第二节　养老保险购买的供给推动

通过供给推动养老保险购买的手段有很多，比如说全民风险意识的培养，新型营销手段的推广，保险产品的创新，等等。其中，特别适合推动养老保险购买的手段主要是产品创新。本节将提出构建融合多动机、提供多服务、涵盖多产品的“三多”养老保险产品和服务体系（见图8-11），以推动潜在的养老保险需求向实际的养老需求①转变。

① 潜在寿险需求与实际寿险需求之间的关系可参阅：蔡秋杰．寿险需求的经济分析［D］．武汉：武汉大学，2007.

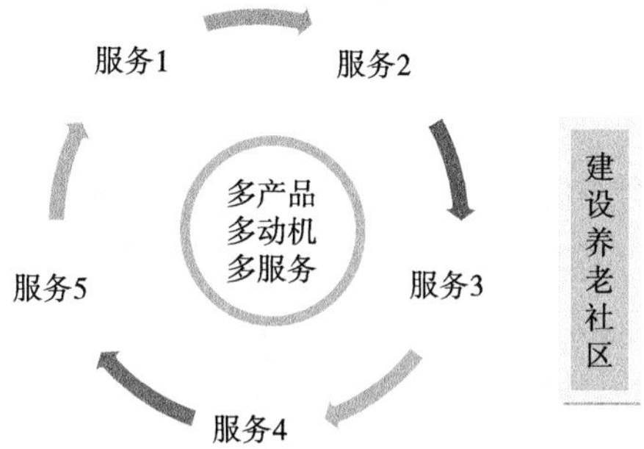

图 8-10 "三多"养老保险产品和服务体系

一、新产品的开发：融合三大动机

"多动机"是指养老保险新产品的开发需要考虑涵盖保障动机、储蓄动机和投资动机，全面满足客户需求。

（一）保障类产品与投资[①]类产品之争

大约五十年前，以雅瑞为代表的经济学家从储蓄视角解释了人们购买寿险的缘由：寿险特别是养老保险是基于生命周期消费的储蓄的最佳方式。但是，从生命周期的视角考察寿险是基于人们的长期决策，但在实践中，短期决策在不同程度、不同阶段仍然主导着许多人的家庭金融资产配置。从长期的视角，人们会倾向于购买保障类寿险产品，其判断标准是保障效果；从短期的视角，人们更愿意购买投资类寿险产品，其评价标准是投资收益率。所以说，从需求的视角，寿险业的保障类产品和投资类产品并不是此消彼长的关系。

从长期决策来看，国家的基本社会保障与寿险产品的作用有异曲同工之效。由于社会保障是强制性的国家意志，注定了寿险产品的购买无法达到类似的强制效果。因此，保障类寿险产品的出路在于区别于社会保障的"保基本"，而通过"品质生活"的保障而扎根于中国实践。从短期决策

① 本书第二章提出养老保险产品的投资动机主要是获取生者利，其次是获得高额预定利率回报。显然，投资动机的"投资"与投资类产品的"投资"的含义有所差异。但是，人们购买寿险产品力图取得更高的投资回报也是不争的事实。

来看，投资类寿险产品的替代威胁主要是基金、银行理财产品等其他金融产品，如果没有强大的投资能力做保证，投资类寿险产品很容易导致销售误导。

寿险业作为保险业的大半壁江山，其立业之本仍然是专业化的人身风险管理，人身风险管理在寿险业改革发展中的基石作用不可替代。从长期来看，家庭财富面临着生命风险与跨期风险的双重不确定性，决定了寿险业在家庭资产管理中具有重要地位。与其他行业相比，寿险业具有无可比拟的人身风险管理优势；与其他金融业相比，寿险业具有财富管理期限长、风险管理综合化的明显优势。所以说，人身风险管理与跨期财富管理的协同效应巨大，实现的主要载体应该是风险保障型产品和长期储蓄型产品。但是，如果保险业具有强大的投资能力并提供更高的投资回报，甚至于能够通过分红、提高保额、降低缴费等不同途径将利差益返还给客户，那么保障类产品与投资类产品定无矛盾之处。

（二）融合三大动机的养老保险产品设计途径

保障类产品与投资类产品之争的本质在于保险经营的重点是承保业务还是投资业务，两者不可偏颇才能够实现两种产品的和谐共生。既重视承保业务，也强调投资业务，这是设计融合三大动机的养老保险新产品的前提。

保障动机是指人们购买养老保险以避免未来的老年生活质量下降。这就要求设计的产品要提供额度足够、连续稳定、保持终身的现金流给付，显然高预定利率的产品更为适合。

储蓄动机是指人们购买养老保险以实现更长生命周期的最优消费。这就要求设计的产品能够实现缴费年龄早和缴费期限长，显然期交保费的长缴费期限产品更为合适。

投资动机是指人们购买养老保险以获得生者利。这就要求设计的产品要特别重视生者利的发放，显然纯粹性养老保险产品或者低死亡保障的产品更为符合。此外，投资动机还包括客户能够获得更高的预定利率回报或者更多的利差益分红，那么同样需要保险公司强大的投资能力支撑。

总而言之，融合三大动机的养老保险产品既能够“积短为长①”，也能够“化长为短②”，还能够提供生者利和投资回报双重红利，其具体形态可以表述为缴费长期、给付终身、回报较高、低死亡保障③的养老保险产品。此类产品不仅涵盖三大动机，而且要求承保业务和投资业务并重，可以成为未来养老保险产品发展的亮点和重点。

二、产业链的延伸：提供增值服务

“多服务”是指保险公司依托养老产业链延伸，借助养老保险产品为客户提供多种增值或者附加服务。

（一）轮子理论与链子理论④

轮子理论是指保险业的发展依靠两个轮子，一个是承保业务，另一个是投资业务。轮子理论的实质是保险承保业务的亏损，可以用投资业务来填补。“第二次世纪大战”以来，轮子理论在保险公司经营中发挥了重要作用并产生了积极效果，并一直指导着保险行业的经营实践。但是，轮子理论适用的前提是必须有一个与之相适应的相对稳定、相对成熟的资本市场。但近几年的资本市场，从国际角度看存在不稳定的隐患，从国内角度看面临不成熟的实际，使轮子理论的理念不像以往那样赢得众口一声的称赞。

就目前中国保险市场的发展实际而言，能够替代轮子理论的必须是链子理论。保险业发展的链子理论包括两个方面的内容：其一，保险产业内部的链子产业。如果我们将保险视为一个产业，那么这个产业本身由许多子产业构成。各个子产业之间存在一定的关联关系，有些子产业属于上游产业，有些子产业属于下游产业。上游产业与下游产业连接起来，就是保险产业内部的链子产业。其二，保险产业外部的链子产业。在社会化大生

① 缴费时间早、期限长。

② 给付分期、连续。

③ 低死亡保障的缘由参见第二章第三节。

④ 本部分参考魏华林，等. 中国养老产业发展研究［R］. 武汉大学保险经济研究所，中国保险行业协会“中国养老产业发展研究”课题研究报告，2013.

产中，保险产业不可能单独存在和发展，它与其他许多产业存在着这样或那样的关联关系，有些产业属于上游产业，有些产业属于下游产业。上游产业与下游产业连接起来，就是保险产业外部的链子产业。链子理论就是研究这些产业与产业之间相互关系及其变化规律的一种理论。保险业的经营客观上需要处理好产业内部各子产业之间的关系；保险业的发展客观上还需要处理好保险行业与其他行业之间的关系。

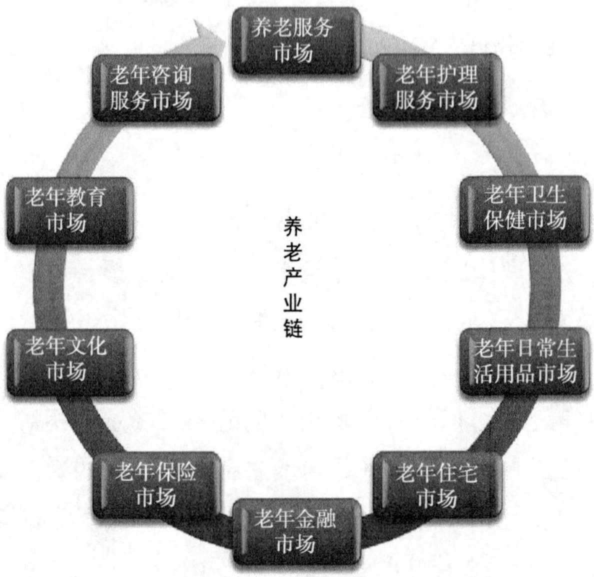

图 8-11　养老产业的产业链

（资料来源：魏华林，等．中国养老产业发展研究［R］．武汉大学保险经济研究所，中国保险行业协会“中国养老产业发展研究”课题研究报告，2013）

（二）养老增值服务与养老产业链

保险业与养老产业链的关系是链子理论应用的一个典型代表。养老产业作为给老年人提供设施、提供服务、提供商品，满足老年人特殊需要的产业，它的产业链由 10 个细分市场构成（见图 8-11），具体包括养老服务市场、老年护理服务市场、老年卫生保健市场、老年日常生活用品市场、老年住宅市场、老年金融市场、老年保险市场、老年文化市场、老年教育市场、老年咨询服务市场。

保险业作为参与老年保险市场的排他性行业，可以扩展养老保险产品所提供的服务范围，除了传统的给付责任等保险服务，还可以延伸至其他细分子市场，提供相关的增值养老服务。

三、范围经济的载体：建立养老社区

“多产品”是指保险公司通过建立养老社区整合养老保险、护理保险等多种保险产品以及其他养老服务产品，实现经营的范围经济，减少客户养老成本支出。

（一）范围经济与保险公司经营

如果企业同时生产两种产品的成本低于分别单独生产每种产品的成本之和，那么企业的这种状况就被称为范围经济。如果能够实现范围经济，企业显然会增加产品种类，生产两种或两种以上的产品从而实现单位成本的降低。

保险公司经营的范围经济是指保险公司同时提供两种或者两种以上的保险产品或者服务，从而减少经营成本。保险公司建立养老社区，明显可以实现范围经济，不仅可以提供承保业务中养老保险、医疗保险、护理保险等保险产品对应的养老服务，而且还可以通过提供住宅等其他服务保障投资业务的效益（见表 8-4）。

表 8-4 养老社区提供的养老服务类别

服务类别	内容	对应保险公司业务
居住服务	养老住宅提供服务 家人可以定期陪护	资金运用
生活服务	日常起居服务 社区日常设施服务 保健养身咨询服务和各类社区服务 洗澡、洗衣、吃饭、体检等日常生活服务	养老保险
医疗服务	24 小时紧急呼救服务系统和协助送医服务 药物管理，持续健康评估服务，护士 24 小时监护 社区指定医院的协助送医服务 保健养生咨询服务，专护和康复服务	医疗保险

续表

服务类别	内容	对应保险公司业务
护理服务	营养师定制菜单，安排特殊饮食 医生入驻社区，提供 24 小时医疗服务 专业护士护理 定期进行健康评估，由医生会诊商讨针对性治疗方案	护理保险

注：由于养老保险提供的年金给付常用于支付生活开支，因此生活服务对应的保险产品可以为养老保险。

资料来源：作者整理。

（二）保险公司参与养老社区建设的四大优势

保险业参与养老社区建设的实践方兴未艾，究其原因，在于保险业具有资本、产品、信息和政策四大优势。

1. 资本优势

资本优势是保险业参与养老社区建设的最大优势。截至 2019 年底，保险资金运用余额高达 18.5 万亿元，保险业的经营特征决定了保险业管理着可运用的庞大资金。

建设养老社区需要大量的资金支持，而规模庞大的保险资金特别是寿险资金能够满足养老社区项目的资金需求。建设养老社区的资金需要长期资金的支持，而寿险资金中近一半资金为 20 年以上的长期资金，恰好与养老社区的投资回收周期比较匹配。因此，保险业参与养老社区建设，投入的资本不仅规模大，而且期限久，有着明显的资本优势。

2. 产品优势

产品优势是保险业参与养老社区建设的关键优势。与其他行业相比，保险业拥有基于生命风险和健康风险精算基础的风险管理独特优势，这是保险业参与养老社区建设的关键竞争力。与养老关联的传统保险产品主要包括养老保险产品、医疗保险产品和护理保险产品，实践中保险业已经开始将传统产品与养老社区形态相结合为客户提供一揽子服务。

例如，泰康人寿“幸福有约终生养老计划”和合众人寿“优年养老定投两全保险”都将养老保险产品与养老住宅相连接，能够提供给客户涵盖住宅提供、生活服务、医疗服务、护理服务等的一站式养老服务。

3. 信息优势①

就保险业而言，养老保险产品、健康保险产品以及其他寿险产品的销售过程，使其积累了丰富的现有和潜在客户资源。一方面，保险公司通过售前的体检工作收集了比较全面的客户健康信息和基本资料；另一方面，在售后客户关系维护中，保全人员与客户之间的较密切关系，有助于保险公司了解客户的消费习惯和偏好等隐藏信息。通过对上述信息的搜寻、集中和甄别，保险业拥有了大量的有效客户信息，有利于保险业在参与养老社区建设中实现产品和服务创新，更有效地满足客户需求。

4. 政策优势

保险业参与养老社区建设，也符合政策导向。2008 年，国家发布《国务院办公厅关于当前金融促进经济发展的若干意见》，提出要“推动健康保险发展，支持相关保险机构投资医疗机构和养老实体”。2010 年 9 月，中国保监会发布《保险资金投资不动产暂行办法》，鼓励保险资金投资于经济适用房等保障性住房和养老物业。《中国保险业发展“十二五”规划纲要》提出“整合保险产业链，支持保险资金投资养老实体”，并明确指出“推动研究保险资金投资养老产业”。显然，从产业政策上讲，政府支持保险业参与养老社区建设。

第三节 养老社区的新模式：“连锁”模式②

2017 年 3 月，国务院印发《“十三五”国家老龄事业发展和养老体系建设规划》，明确了“十三五”时期促进老龄事业发展和养老体系建设的

① 龙梦洁．人口老龄化与养老产业发展研究——基于保险行业视角［D］．武汉：武汉大学，2013.

② 本节的合作者还包括中国人民人寿保险股份有限公司的李思维先生，主要内容已发表于 2018 年第 6 期的《中国保险》杂志。

一系列目标和任务。其中，对于养老服务体系的表述，从“十二五”规划中的“居家为基础、社区为依托、机构为支撑”变为“居家为基础、社区为依托、机构为补充、医养相结合”，不仅调整了机构养老的定位，将其由“支撑”变为“补充”，使之更符合中国国情，而且将“医养结合”纳入顶层设计，使“医养结合”成为养老服务体系的突出特征。

养老社区是保险公司参与养老服务建设，实现“医养结合”养老模式的主要途径之一。自2009年泰康人寿首次获批保险养老社区试点资格以来，国内保险公司已投入大量资源，参考美国持续照护型养老社区（Continuing Care Retirement Community，CCRC）的经验，在养老社区领域开疆拓土。从实践来看，有些经验在“移植本土”过程中存在水土不服，导致保险公司养老社区建设中暴露出定价、地理位置、市场开发等多方面的问题。本书提出的“连锁”模式改进建议，可以降低养老社区定价区间，解决社区选址偏远的地理位置问题，更好地契合中国特色的“医养结合”养老发展方向。

一、中国养老现状对“医养结合”养老模式的启示

（一）中国养老现状分析：基于养老经济来源的视角

北京大学人口学专家穆光宗（2000）认为，从养老资源的提供者或者养老支持力的来源来说，人类只存在三种基本的养老方式，即家庭养老、社会养老和自我养老。其中，自我养老是最基本、最直接的养老方式，由个人承担自身养老的一系列成本；家庭是基本的社会单元，子女、亲属等家庭成员无疑是重要的家庭养老方式提供者；而随着家庭结构的调整、社会保障制度的建立等变化，社会逐渐具备了养老服务功能，甚至成为部分情况下老年人口最重要的养老支撑。

2010年第六次全国人口普查资料和2015年全国1%人口抽样调查资料显示，我国60岁及以上老年人口的主要生活来源分为劳动收入、离退休金养老金、最低生活保障金、财产性收入、家庭其他成员供养和其他六大类，可大致与上述养老方式的划分对应起来（见表8-5）。

表 8-5 养老经济来源角度划分老年人口养老方式

养老方式	家庭养老	社会养老		自我养老	
主要生活来源	家庭其他成员供养	离退休金养老金	最低生活保障金	劳动收入	财产性收入

注：由于主要生活来源为“其他”的部分无法区分，故在整理计算时予以剔除。

进一步分析2010年和2015年两个调查反映的老年人口养老经济来源情况（见表8-6）[①]，可以发现，家庭养老是中国老年人最重要的经济来源，2010年和2015年均占最高比重，但五年来占比下降3.24%。同样下降的还有自我养老的比重，2015年与2010年相比降低4.98%，约为25.01%。反观社会养老，其占比五年间不仅增长8.22%，而且与家庭养老之间的差距也在不断缩小，由2010年的12.95%缩小到2015年的1.49%，大有后来居上之势。全国老年人口三大养老方式的变化在城镇和乡村中均有类似体现，都表现为家庭养老和自我养老比重下降，社会养老比重上升，这也是我国社会养老保险制度的效果佐证。但是，与全国老年人口的养老情况相比，城镇与乡村又有其特殊一面。具体而言，在城镇老年人口的养老经济来源中，2010年和2015年社会养老均占有过半的比重，且该比重五年内增长了4.27%。反观乡村，家庭养老和自我养老仍是老年人口主要的养老经济来源，社会养老的比重虽然有所增加，但至2015年也不超过15%。

表 8-6 全国、城镇、乡村60岁及以上老年人口养老经济来源占比（2010年、2015年）

单位：%

养老方式	年份	全国	城镇	乡村
家庭养老	2010	41.48	31.95	48.62
	2015	38.24	27.89	48.60
社会养老	2010	28.53	54.24	9.25
	2015	36.75	58.51	14.96
自我养老	2010	29.99	13.81	42.13
	2015	25.01	13.60	36.44

资料来源：根据2010年第六次全国人口普查资料和2015年全国1%人口抽样调查资料计算。

① 见杨贞贞（2016）。

（二）对“医养结合”养老模式的启示

上述对于我国老年人口养老现状的分析，为“医养结合”养老模式乃至保险公司养老社区建设提供了一些重要启示：第一，医疗卫生服务需延伸至家庭和社区。从家庭养老占比仍然很高可以看出，我国的文化传统和现实国情决定了相当多的老百姓家庭观念很强，并不愿意在机构养老，这也是“十三五”时期变“机构为支撑”到“机构为补充”的原因所在。故医疗卫生服务应更多考虑与家庭养老和社区养老相结合，提供家庭病床、社区护理、健康管理等基本服务，提高上门服务的能力。

第二，养老机构与服务区域的地理位置不宜相隔太远。“医养结合”养老模式的突出特点之一就是要建立健全养老机构与医疗卫生机构的合作或一体化机制，为入住老年人提供生活照料、健康管理、康复理疗、急诊急救等服务，确保入住老年人既能得到及时有效的医疗救治，又能享受后期的康复护理等服务。再加上医疗卫生服务特别是基层医疗卫生机构，有时需要上门服务，由此决定养老机构与其所服务的区域在地理位置上不宜相隔太远。杨洋等（2017）利用主成分分析法考察了相关因子对建立养老社区的区位选择的影响力，认为人口因素因子和医疗基础设施因子的影响力相对较强。其研究证实了地理位置的重要性，意味着保险公司在规划养老社区时应充分考虑人口因素，整合当地医疗卫生资源。

第三，医疗养老服务的费用不宜过高。从表 8-6 中城镇老年人口的养老情况来看，依靠社会养老的老年人口占比超过一半。但是人社部公布的数据表明，2016 年我国企业退休员工的人均基本养老金仅为 2340 元/月，最低生活保障金最高的地区也仅为 790 元/月，明显无力承担高额的医疗养老服务费用。从乡村老年人口的养老情况来看，家庭养老和自我养老的老年人口仍然占绝对多数，更无力支付过高的服务成本。

二、国内保险养老社区的特点与不足

（一）保险公司投资养老社区概况

根据中国保监会 2014 年发布的《保险养老社区统计制度》，保险养老社区是指由保险集团（控股）公司、保险公司或保险资产管理公司投资并具有实际控制权，在一定地域范围内建立起来的集居住、养老和护理等多种功能于一体的综合服务社区。自 2009 年泰康人寿获得中国保险行业第一个养老社区投资资格试点以来，截至 2017 年 6 月，全国共有 8 家保险机构投资 29 个养老社区项目（见表 8-7）。

从实践来看，目前已经投资建设的保险养老社区，均借鉴了 CCRC 的经验。CCRC 是美国独具特色的大型综合性养老社区，可以向居住其中的老年人提供独立生活、协助生活和持续熟练的护理等服务。部分社区除了提供上述三个层次的护理，还包含家庭和社区照护、临终关怀等，以确保根据老年人的健康状况和自理能力的变化提供与之相对应的服务。入住老年人可以通过多种方式支付费用，如直接购买住宅，入门费加月费、按日结算等租房方式。在国内，近年来保险公司还增设了具有中国特色的服务项目。例如，太保公司的南山居养老社区为契合居家养老的需求，设计了以养老机构为原点，推动养老服务向周边社区辐射的产品体系，基于移动互联技术，把专业护理康复服务、家政服务、餐饮服务、精神关怀等一揽子服务提供至客户家中。

表 8-7　保险公司投资养老社区情况汇总

公司名称	代表社区	养老社区规划
泰康保险	泰康之家	“活力养老、高端医疗、卓越理财、终极关怀”四位一体的商业模式，在东北、华北、华中、华东、华南和西南均有布局
新华保险	新华家园	设有北京莲花池持续照料型尊享公寓，北京延庆自理活跃型养老社区和海南博鳌养生养老休闲度假社区
中国平安	浙江桐乡养生养老综合服务社区	分高桥和乌镇两个板块，以自有资金投资建设，租售结合
中国人寿	国寿嘉园	构建检、食、健、护、疗健康服务体系，已布局北京、天津、江苏、深圳、海南
合众人寿	优年生活	集居家养老、社区生活和机构服务三位于一体；公司除自建养老社区外，还收购国外运营成熟的养老社区；在武汉、南宁、沈阳、合肥和北京布局

续表

公司名称	代表社区	养老社区规划
中国太平	梧桐人家	集养老服务、个性化亲情服务、健康养生、临床医疗、护理服务于一体的综合性养老社区，布局于上海
中国太保	南山居	立足市区打造机构养老，以上海为起点，逐步辐射到长三角、珠三角以及环渤海区域
阳光保险	阳光颐康	业务涵盖居家护理、专业培训、养老机构委托经营管理以及老年用品租售等，同时提供养老项目咨询、策划与顾问等服务；设有颐康之家天通苑店，阳光积善养护中心和心湖阳光颐养中心

资料来源：根据各保险公司公开信息整理。

除了在保险养老社区的构建方面具有诸多共性，目前各大保险公司养老社区的运营管理模式也有不少相同之处。保险养老社区的运营模式主要有三种：只租不售、房产转让以及租售结合。与国外不同的是，我国监管部门对保险公司投资养老社区有较为严格的监管。2010 年中国保监会发布的《保险资金投资不动产暂行办法》中规定，保险公司“不得利用投资养老和自用性不动产（项目公司）的名义，以商业房地产的方式，开发和销售住宅。投资养老、医疗、汽车服务等不动产，其配套建筑的投资额不得超过该项目投资总额的 30%”。

受此限制，目前保险养老社区大多采用只租不售的运营方式。但如有雄厚的自有资金作为支撑，则不受此限制，如中国平安就是如此。此外，保险养老社区多与国内外健康管理公司、医养产业服务提供商、医疗养老机构等建立合作关系，使保险养老社区的运营管理更加全面、科学和专业。

（二）保险养老社区的特点和不足

一方面，从上述实践可以发现，目前我国保险养老社区的特点和优势十分明显，主要表现为以下三点：第一，主要定位于中高端人群，可以满足特定层次的养老需求。目前在建或投入运营的养老社区，均配有较为豪华的建筑设施，所提供的服务覆盖了日常照护、健康护理、休闲养生、文化娱乐等各个方面，医疗服务也多与国内外著名医院建立有合作关系，从而可以较好地满足中高收入特别是高收入人群对养老服务的需求。对于保险公司而言，这种定位易于被目标客户所接受，保证入住率相对容易，可以更好地回笼资金，缩短营利周期。

第二，强调“医养结合”，顺应“医养结合”的发展趋势。保险养老社区大都自建或毗邻医院，可以满足住户的多种医疗需求，并为住户建立健康档案，量身订做生活计划，提供各式各样的照护和康复服务，真正体现了“医养结合”的养老模式。

第三，与保险产品对接或与医疗产业相关联，实现联动协同效应。大部分保险养老社区可供选择的入住方式中都有与保险产品相对接的选项，即通过购买保险的方式，获得养老社区入住资格，并用保额弥补养老社区的入住费用，这无疑会直接促进相应保险产品的销售。同时，如果住户有额外的保险需求，还能进一步促进其他保险产品的销售。此外，部分保险公司在建立养老社区的同时还参与投资医院或自建医院，为保险公司进入养老、健康产业提供了新路径。

但另一方面，正是由于我国保险养老社区刚刚起步，未能将国外先进经验与国内养老情况完全结合，所暴露出来的问题同样值得深入研究。具体而言，这些问题主要包括：第一，定价过高，影响入住率。目前我国保险养老社区的入门费大多在几十万元至几百万元不等，再加上月租金、月服务费等其他费用，导致初期的入住率并不理想，处境十分尴尬。这种定价策略也使广大中等收入人群无法入住保险养老社区，保险公司错失更为广阔的潜在市场。

第二，部分养老社区选址偏远，无法辐射到家庭和社区。从目前我国保险养老社区的选址来看，部分项目工程远离市中心，如泰康之家燕园位于北京市昌平区，合众武汉健康谷位于武汉市蔡甸区，均属于远城区、市郊地段。虽然这与土地资源紧、拿地成本低、社区环境好有关，但是选址偏远所带来的不利影响也是十分明显的：不仅增加社区的基础设施建设量，而且会影响入住率，与现有的家庭养老和社区养老区域规划相隔甚远。

第三，同时涉及多个领域，保险公司经验不足。一体化、复合型的保险养老社区，其运营管理涵盖地产开发、建筑设计、医疗护理、物业管理、人才培养等多个领域，有些领域并不是保险公司所擅长的，保险公司可能缺乏相应的经验。但是，经验是 CCRC 类型社区最大的优势，因为持续照护型养老社区有更长的时间、更多的机会回应和抓住行业发展过程中大量且重要的挑战和机遇，从而必然能够在行业学习曲线上不断提升①。我国保险养老社区借鉴于 CCRC，却缺少经验这一优势，势必会影响其发展。

三、保险养老社区的改进建议——“连锁”模式

（一）保险养老社区“连锁”模式的主要构想

综上所述，保险公司在投资建设养老社区时应充分考虑中国国情，更加全面、深入地了解成功养老社区的国际经验并将其本土化，才能使之在中国持续健康发展。实际上，在国外，养老社区的形态也是多种多样的。以美国为例，按照医疗护理程度划分，养老社区主要有四种类型（见表 8-8）。可以看出，这四种类型的养老社区可以很好地满足不同年龄、不同健康状态的老年人的需求，而且部分养老社区的价格甚至低于居家养老的价格。虽然持续照护型社区是美国不少养老社区的选择，但据统计，对于营利性的养老社区运营商来说，50%以上都是协助生活型养老社区，持续照护型社区占比一般不超过 10%②，这说明根据老年人的阶段性需求对应投资的养老社区可能营利性更好。

表 8-8　美国养老社区类型

类型	独立生活型	协助生活型	专业护理型	持续照护型
服务对象	身体健康，有独立生活能力的老人	需要一定的日常生活协助和医疗护理的老人	基本无法独立生活，需要专业人员和设施提供持续性照护的老人	复合型老年社区，综合前三种人群的老人

① 见吉姆·穆尔（2015）。
② 见穆光宗（2012）。

续表

类型	独立生活型	协助生活型	专业护理型	持续照护型
主要收费方式	月费	月费	按日支付租金	入门费+月费
收费情况	1600~2900 美元	2200~4000 美元及以上	219 美元/日，部分情况有医疗保险报销	入门费 20 万~100 万美元；月费 3000~6000 美元

注：美国 75 岁以上老人居家养老的每月支出为 2177~4656 美元。

资料来源：美国 NIC2009 年调查数据和穆尔多样化服务公司。

鉴于此，笔者认为我国保险养老社区可以采取更具中国特色的机构养老模式——“连锁”模式加以改进（见图 8-12）。具体而言，一方面保持当前 CCRC 复合型养老社区及中高端人群目标的定位，设立相应的“旗舰店”，即 B；另一方面在其辐射区域 A 地区内划分不同的区域，根据区域内老年人口的需求分别建立独立生活型、协助生活型或专业护理型养老社区，即“分店”，如 1、2、3、4、5。

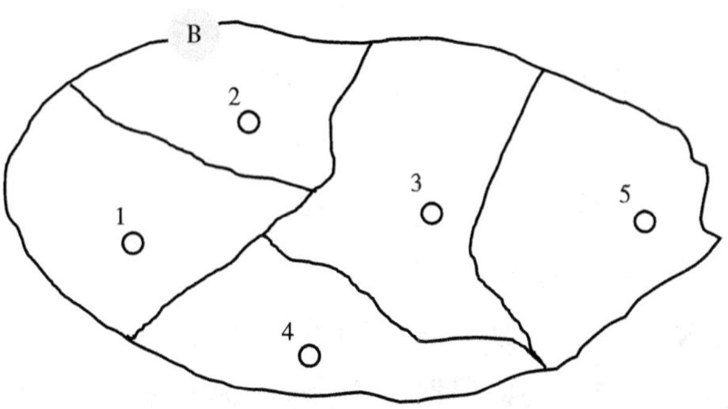

图 8-12　A 地区“连锁”模式概念

（二）保险养老社区“连锁”模式的主要优势

保险养老社区“连锁”模式具有以下几点优势：第一，可以降低养老社区的定价区间。图 8-13 展示了一个 CCRC 养老社区的常见基本组成元素，较高的建造经营成本加上入住费用、养老观念等因素的影响，使其难以作为一种大众化的养老方式加以推广，也无法覆盖到大量中等收入人群。但是，“连锁”模式中“分店”的存在可以很好地解决这一问题。

“分店”的建设和覆盖范围可以现有的行政区域或是服务对象的集中程度作为划分依据。例如，若图 8-12 A 地区中 1 区域的老年人口大多无法独立生活，那么 1 区域可以建设协助生活型或专业护理型保险养老社区，更有针对性地满足其养老需求。“分店”养老社区的建设可以视该地区的老年人需求、收入水平、已有设施情况等决定，如毗邻超市、医院的“分店”可避免重复建设这些设施以节省成本。同时，“分店”的建设可以提供一个较低的收费区间，容纳中等收入人群，这样不仅可以摆脱目前保险养老社区定价过高的窘境，还能扩大市场，获得更多的客户资源。

住宅	• 老年公寓、独立生活区等
基本生活服务设施	• 餐厅、超市等
医疗服务设施	• 综合医院、康复医院等
养护服务设施	• 护理室、健康管理等
休闲娱乐设施	• 公园、图书馆、活动中心等

图 8-13　CCRC 养老社区的基本组成元素

第二，可以更好地“进家庭、进社区”。如前所述，“旗舰店”所对应的 CCRC 社区由于选址偏远等原因，往往难以做到辐射区域内的“进家庭、进社区”。“分店”的存在可以更为有效地将保险养老社区网络延伸至家庭和社区，并可通过“分店”间的转续接机制，无缝对接不同阶段的老年人口的养老需求，使之可以根据自身情况选择入住不同类型的养老社区。

可见，“连锁”模式与时下保险公司投资兴建的复合型保险养老社区并不冲突，反而是其向家庭和社区的一种渗透与延伸，可以因地制宜地满足不同区域、不同健康状态、不同收入水平的老年人对医疗养老服务的差异性需求。当然，考虑到较高的拿地成本，分散的投资建设等因素，“连锁”模式可能会增加保险公司的投资成本，延长保险公司的营利周期，对保险公司的运营管理能力提出更高的要求。因此，在构建“连锁”模式时，保险公司应该根据自身战略布局和综合实力，谋定而动，量力而行。

参考文献

［1］陈翠霞，王绪瑾，周明．我国长寿风险的评估模型与管理策略综述——基于人口发展新常态视角［J］．保险研究，2017（1）：46-55.

［2］陈峥，李仲飞，曾燕．税收递延、退休财富目标与养老金双账户投资策略［J］．系统工程理论与实践，2020，40（4）：831-851.

［3］楚军红．通货膨胀与中国的人寿保险［M］．北京：北京大学出版社，1998.

［4］丁宇刚．检验保险市场逆向选择研究评述［J］．保险研究，2018（10）：75-86.

［5］范庆祝，孙祁祥．中国寿险市场存在逆向选择吗？——来自CHARLS数据的经验证据［J］．金融研究，2020（8）：112-129.

［6］吉姆·穆尔．进军养老地产：非营利和营利性自理和持续照护养老社区之生存、成功和营利战略［M］．北京：中信出版社，2015.

［7］孔丹凤，吉野直行．中国家庭部门流量金融资产配置行为分析［J］．金融研究，2010（3）：24-33.

［8］黎丹，韦生琼．个税递延型商业养老保险的可行性评估——以

四川省为例［J］. 财经科学，2016（10）：11-22.

［9］李心愉，段志明．税收递延、养老保障与社会福利［J］. 保险研究，2017（7）：87-100.

［10］刘楹．家庭金融资产配置行为研究［M］. 北京：社会科学文献出版社，2007.

［11］卢家昌，顾金宏．城镇家庭金融资产选择研究：基于结构方程模型的分析［J］. 金融理论与实践，2010（3）：77-83.

［12］马宁，刘玮．商业养老保险税收优惠模式的选择——基于税率敏感性分析［J］. 保险研究，2015（7）：90-97.

［13］孟德锋，李丹，刘志友．保险素养与商业养老保险决策［J］. 金融理论与实践，2019（12）：95-103.

［14］穆光宗．美国社区养老模式借鉴［J］. 人民论坛，2012（22）：52-53.

［15］穆光宗．中国传统养老方式的变革和展望［J］. 中国人民大学学报，2000（5）：39-44.

［16］菲歇尔．利息理论［M］. 陈彪如，译．上海：上海人民出版社，1999.

［17］马柯维茨．资产组合选择和资本市场的均值——方差分析［M］. 朱菁，等译．上海：上海人民出版社，1999.

［18］默顿．连续时间金融（修订版）［M］. 郭多祚，等译．北京：中国人民大学出版社，2005.

［19］乔伟，锁凌燕．时间偏好动态不一致框架下的个税递延型商业养老保险需求研究［J］. 保险研究，2017（6）：59-69.

［20］秦云．商业年金消费决策的行为经济学分析［J］. 保险研究，2019（7）：79-93.

［21］秦云，郑伟．人口结构、社会保险与居民商业年金需求［J］. 保险研究，2018（1）：3-13.

［22］史代敏，宋艳．居民家庭金融资产选择的实证研究［J］. 统计研究，2005（10）：43-49.

［23］孙祁祥，郑伟．中国养老年金市场——发展现状、国际经验与未来战略［J］．保险研究，2013（5）：129.

［24］万晴瑶，卓志，成德义．中国城镇居民养老金年金化需求行为的影响因素分析［J］．保险研究，2014（10）：108-123.

［25］王国军．养老保险税优激励的国际经验［J］．中国金融，2018（22）：80-81.

［26］王国军，高立飞．低生育意愿的一个解释：养儿防老向商业保险养老转变——基于 CGSS2015 数据的实证分析［J］．兰州学刊，2021（2）：179-195.

［27］王珺，高峰．我国汽车保险市场逆向选择实证研究［J］．金融研究，2007（12）：223-230.

［28］王珺，高峰．逆向选择现象实证研究评述［J］．经济学动态，2008（8）：118-122.

［29］王泰，朱衡，卓志．社会信任对个人商业保险购买决策的影响——基于 CGSS 数据的实证研究［J］．保险研究，2022（8）：3-16.

［30］王稳，杨洋．消费者异质性对健康保险市场逆向选择影响的实证研究［J］．保险研究，2018（8）：47-63.

［31］王晓军，路倩．我国商业养老年金的供需困境探讨：基于年金价值和长寿风险的视角［J］．保险研究，2018（9）：13-21.

［32］王晓军，詹家煊．税延政策真能刺激养老保险市场需求吗？——基于累积前景理论的模拟分析［J］．保险研究，2019（7）：94-105.

［33］魏华林，杨霞．家庭金融资产与保险消费需求相关问题研究［J］．金融研究，2007（10）：70-81.

［34］吴雨，杨超，尹志超．金融知识、养老计划与家庭保险决策［J］．经济学动态，2017（12）：86-98.

［35］谢波峰，常嘉路．个税改革如何影响了个人税收递延型商业养老保险的需求［J］．财贸经济，2021，42（7）：49-66.

［36］杨春学．利他主义经济学的追求［J］．经济研究，2001（4）：

82-90.

[37] 杨样，周婷婷，王强，等．商业保险参与“医养结合”养老模式创新研究［J］．沈阳工程学院学报（社会科学版），2017，13（1）：34-40.

[38] 杨霞，张铭．中国商业养老保险的逆向选择及内在机制［J］．消费经济，2022，38（4）：51-61.

[39] 杨贞贞．医养结合的社会养老服务筹资模式构建与实证研究［D］．杭州：浙江大学，2014.

[40] 余显财．税收递延型养老储蓄将如何影响常规储蓄、消费和投资——来自问卷调查的证据［J］．金融研究，2012（11）：74-88.

[41] 臧文斌，赵绍阳，刘国恩．城镇基本医疗保险中逆向选择的检验［J］．经济学（季刊），2013，12（1）：47-70.

[42] 张欢．中国社会保险逆向选择问题的理论分析与实证研究［J］．管理世界，2006（2）：41-49.

[43] 张琳琬，吴卫星．风险态度与居民财富——来自中国微观调查的新探究［J］．金融研究，2016（4）：115-127.

[44] 张强，杨宜勇．商业养老保险参与的影响因素分析［J］．华中农业大学学报（社会科学版），2017（5）：138-143，150.

[45] 张鑫，孙立娟．个税递延型商业养老保险购买意愿影响研究——来自中国职工养老储备指数调查数据［J］．江西财经大学学报，2020（2）：52-61.

[46] 张晏玮，王国军．美国个税递延型养老保险的影响因素对中国的启示［J］．武汉金融，2018（1）：69-75.

[47] 赵振翔，王亚柯，王珊珊，等．个税递延型商业养老保险动态模拟研究——基于生命周期模型的分析［J］．价格理论与实践，2021（9）：146-150，203.

[48] 郑秉文．中国养老金发展报告（2011）［M］．北京：经济管理出版社，2011.

[49] 郑秉文．中国养老金发展报告（2012）［M］．北京：经济管理

出版社，2012.

［50］郑秉文．第三支柱商业养老保险顶层设计：税收的作用及其深远意义［J］．中国人民大学学报，2016，30（1）：2-11.

［51］郑秉文．商业保险参与多层次社会保障体系的方式、作用与评估——基于一个初步的分析框架［J］．辽宁大学学报（哲学社会科学版），2019，47（6）：1-21.

［52］郑秉文．养老金三支柱理论嬗变与第三支柱模式选择［J］．华中科技大学学报（社会科学版），2022，36（2）：20-37.

［53］郑路，徐旻霞．传统家庭观念抑制了城镇居民商业养老保险参与吗？——基于金融信任与金融素养视角的实证分析［J］．金融研究，2021（6）：133-151.

［54］周海珍，吴俊清．个人税收递延型商业养老保险受益群体和财政负担分析——基于新旧个人所得税税制的比较［J］．保险研究，2019（8）：70-80.

［55］周磊，姜博，王静曦．新型农村社会养老保险中的逆向选择问题研究［J］．保险研究，2015（2）：105-116.

［56］朱俊生．加快商业养老保险发展［J］．中国金融，2018（7）：64-66.

［57］朱铭来，孟朝霞．寿险业税收优惠政策之国际比较［J］．上海保险，1996（11）：21-24.

［58］朱信凯，彭廷军．新型农村合作医疗中的“逆向选择”问题：理论研究与实证分析［J］．管理世界，2009（1）：79-88.

［59］邹小芃，叶子涵，杨芊芊．养老计划倾向与商业养老保险需求——基于 CFPS 数据的实证研究［J］．浙江大学学报（人文社会科学版），2019，49（4）：55-70.

［60］Ameriks J.，Caplin A.，Laufer S.，et al. The joy of giving or assisted living? Using strategic surveys to separate public care aversion from bequest motives［J］. The Journal of Finance，2011，66（2）：519-561.

［61］Andersen H. Y.. Do tax incentives for saving in pension accounts cause debt accumulation? Evidence from Danish register data [J]. European Economic Review, 2018, 106, 35-53.

[62] Akerlof G. A.. The market for lemons: Quality uncertainty and the market mechanism [J]. The Quarterly Journal of Economics, 1970, 84 (3): 488-500.

[63] Arrow K. J.. Uncertainty and the Welfare Economics of Medical Care [J]. The American Economic Review, 1963: 941-973.

[64] Attanasio O. P., DeLeire T.. The effect of individual retirement accountson household consumption and national saving [J]. The Economic Journal, 2002, 112 (481): 504-538.

[65] Attanasio O. P., Rohwedder S.. Pension wealth and household saving: Evidence from pension reforms in the United Kingdom [J]. The American Economic Review, 2003, 93 (5): 1499-1521.

[66] Benartzi S., Previtero A., Thaler R H.. Annuitization puzzles [J]. Journal of Economic Perspectives, 2011, 25 (4): 143-164.

[67] Benartzi S., Thaler R.. Heuristics and biases in retirement savings behavior [J]. Journal of Economic Perspectives, 2007, 21 (3): 81-104.

[68] Bernheim B. D., Scholz J. K.. Private saving and public policy [J]. Tax Policy and the Economy, 1993, 7: 73-110.

[69] Bernheim B. D.. How strong are bequest motives? Evidence based on estimates of the demand for life insurance and annuities [J]. Journal of Political Economy, 1991, 99 (5): 899-927.

[70] Bernheim B. D.. Taxation and saving [M]. Handbook of Public economics. Elsevier, 2002, 3: 1173-1249.

[71] Borch K. H.. Optimal life insurance [J]. The Geneva Papers on Risk and Insurance, 1977: 3-16.

[72] Borch K. H.. Life insurance and consumption [J]. Economics Letters, 1980, 6 (2): 103-106.

[73] Borch K. H.. Economics of Insurance [M]. Elsevier, 1990.

[74] Bovenberg L., Koijen R., Nijman T., et al.. Saving and investing over the life cycle and the role of collective pension funds [J]. De Economist, 2007, 155 (4): 347-415.

[75] Brandon T. H., Wetter D. W., Baker T. B.. Affect, expectancies, urges, and smoking: Do they conform to models of drug motivation and relapse? [J]. Experimental and Clinical Psychopharmacology, 1996, 4 (1): 29.

[76] Brown J. R., Coile C. C., Weisbenner S. J.. The effect of inheritance receipt on retirement [J]. The Review of Economics and Statistics, 2010, 92 (2): 425-434.

[77] Brown J. R., Kapteyn A., Mitchell O. S.. Framing effects and expected social security claiming behavior [R]. NBER Working Paper, 2011.

[78] Brown J. R., Kling J. R., Mullainathan S., et al.. Why don't people insure late-life consumption? A framing explanation of the under-annuitization puzzle [J]. The American Economic Review, 2008, 98 (2): 304-309.

[79] Brown J. R.. Rational and behavioral perspectives on the role of annuities in retirement planning [J]. NBER Working Paper, 2007.

[80] Brugiavini A.. Longevity risk and the life cycle [D]. London School of Economics and Political Science, 1990.

[81] Bütler M., Teppa F.. The choice between an annuity and a lump sum: Results from Swiss pension funds [J]. Journal of Public Economics, 2007, 91 (10): 1944-1966.

[82] Cannon E., Tonks I. Cohort mortality risk or adverse selection in annuity markets? [J]. Journal of Public Economics, 2016, 141: 68-81.

[83] Carroll G. D., Choi J. J., Laibson D., et al.. Optimal defaults and active decisions [J]. The Quarterly Journal of Economics, 2009, 124 (4): 1639-1674.

[84] Casey G. R.. Adverse selection in annuity markets: Evidence from the British Life Annuity Act of 1808 [J]. Journal of Public Economics,

2009, 93 (5): 776-784.

[85] Chalmers J., Reuter J.. How do retirees value life annuities? Evidence from public employees [J]. The Review of Financial Studies, 2012, 25 (8): 2601-2634.

[86] Chetty R., Friedman J. N., Leth-Petersen S., et al.. Active vs. passive decisions and crowd-out in retirement savings accounts: Evidence from Denmark [J]. The Quarterly Journal of Economics, 2014, 129 (3): 1141-1219.

[87] Chiappori P. A., Salanie B.. Testing for asymmetric information in insurance markets [J]. Journal of Political Economy, 2000, 108 (1): 56-78.

[88] Chiappori P. A., Salanié B.. Asymmetric information in insurance markets: Empirical assessments [J]. Handbook of Insurance, Springer, 2012.

[89] Cohen A.. Asymmetric information and learning: Evidence from the automobile insurance market [J]. Review of Economics and statistics, 2005, 87 (2): 197-207.

[90] Cohen A., Siegelman P.. Testing for adverse selection in insurance markets [J]. Journal of Risk and insurance, 2010, 77 (1): 39-84.

[91] Cohen S.. Psychological stress, immunity, and upper respiratory infections [J]. Current Directions in Psychological Science, 1996, 5 (3): 86-89.

[92] Davidoff T.. Housing, health, and annuities [J]. Journal of Risk and Insurance, 2009, 76 (1): 31-52.

[93] Davidoff T., Brown J., Diamond P., et al.. Annuities and Individual Welfare [J]. The American Economic Review, 2005, 95 (5): 1573-1590.

[94] De Meza D., Webb D. C.. Advantageous selection in insurance markets [J]. RAND Journal of Economics, 2001, 32 (2): 249-262.

[95] Dionne G., Doherty N., Fombaron N.. Adverse selection in insur-

ance m-arkets [M]. Handbook of insurance. Springer, 2000: 185-243.

[96] Dionne G., Fombaron N., Doherty N.. Adverse selection in insurance contracting [M]. Handbook of insurance. Springer, 2013: 231-280.

[97] Dionne G.. Adverse selection and repeated insurance contracts [J]. The Geneva Papers on Risk and Insurance, 1983, 8 (29): 316-332.

[98] Dushi I., Webb A.. Household annuitization decisions: Simulations and empirical analyses [J]. Journal of Pension Economics & Finance, 2004, 3 (2): 109-143.

[99] Einav L., Finkelstein A., Schrimpf P.. Optimal mandates and the welfarecost of asymmetric information: Evidence from the uk annuity market [J]. Econometrica, 2010, 78 (3): 1031-1092.

[100] Engen E. M., Gale W. G., Scholz J. K.. The illusory effects of saving incentives on saving [J]. Journal of economic perspectives, 1996, 10 (4): 113-138.

[101] Ettner S. L.. Medicaid participation among the eligible elderly [J]. Journal of Policy Analysis and Management, 1997, 16 (2): 237-255.

[102] Evans O. J.. Tax policy, the interest elasticity of saving, and capital accumulation: Numerical analysis of theoretical models [J]. The American Economic Review, 1983, 73 (3): 398-410.

[103] Fang H., Wu Z.. Multidimensional private information, market structure, and insurance markets [J]. The RAND Journal of Economics, 2018, 49 (3): 751-787.

[104] Feenberg D., Skinner J.. Sources of IRA saving [J]. Tax policy and theeconomy, 1989, 3: 25-46.

[105] Finkelstein A., McGarry K.. Multiple dimensions of private information: Evidence from the longterm care insurance market [J]. The American Economic Review, 2006, 96 (4): 938-958.

[106] Finkelstein A., Poterba J.. Adverse selection in insurance markets: Policyholder evidence from the UK annuity market [J]. Journal of politi-

cal economy, 2004, 112 (1): 183-208.

[107] Finkelstein A., Poterba J.. Selection effects in the United Kingdom individual annuities market [J]. The Economic Journal, 2002, 112 (476): 28-50.

[108] Fischer S.. A life cycle model of life insurance purchases [J]. International Economic Review, 1973, 14 (1): 132-152.

[109] Fischhoff B., Gonzalez R. M., Small D. A., et al.. Judged terror risk and proximity to the World Trade Center [J]. Journal of Risk and Uncertainty, 2003, 26 (2): 137-151.

[110] Friedman B. M., Warshawsky M. J.. The cost of annuities: Implications for saving behavior and bequests [J]. The Quarterly Journal of Economics, 1990, 105 (1): 135-154.

[111] Gale W. G., Scholz J. K.. IRAs and household saving [J]. The American Economic Review, 1994, 85 (5): 1233-1260.

[112] Gale W. G.. The effects of pensions on household wealth: A reevaluation of theory and evidence [J]. Journal of Political Economy, 1998, 106 (4): 706-723.

[113] Gupta A., Li Z.. Integrating optimal annuity planning with consumption investment selections in retirement planning [J]. Insurance Mathematics and Economics, 2007, 41 (1): 96-110.

[114] Hastie T., Tibshirani R.. Generalized additive models [J]. Statistical Science, 1986, 1 (3): 297-310.

[115] He D.. The life insurance market: Asymmetric information revisited [J]. Journal of Public Economics, 2009, 93 (9-10): 1090-1097.

[116] Amelie C. W.. Private information in life insurance, annuity, and health insurance markets [J]. The Scandinavian Journal of Economics, 2017, 119 (4): 855-881.

[117] Hofmann J.. Adverse Selection and Repeated Insurance Contracts: A Comment [J]. The Geneva Papers on Risk and Insurance Issues and Prac-

tice, 1984, 9 (3): 322–323.

[118] Hong J. H., Rios-Rull J. V.. Life insurance and household consumption [J]. The American Economic Review, 2012, 102 (7): 3701–3730.

[119] Horneff W. J., Maurer R. H., Stamos M. Z.. Life-cycle asset allocation with annuity markets [J]. Journal of Economic Dynamics and Control, 2008, 32 (11): 3590–3612.

[120] Horneff W. J., Maurer R., Mitchell O. S., et al.. Optimizing the retirement portfolio: Asset allocation, annuitization, and risk aversion [J]. NBER Working Paper, 2006.

[121] Hoy M.. Categorizing risks in the insurance industry [J]. The Quarterly Journal of Economics, 1982, 97 (2): 321–336.

[122] Hu W. Y., Scott J. S.. Behavioral obstacles in the annuity market [J]. Financial Analysts Journal, 2007, 63 (6): 71–82.

[123] Hubbard R. G., Skinner J. S.. Assessing the effectiveness of saving incentives [J]. Journal of Economic Perspectives, 1996, 10 (4): 73–90.

[124] Hubbard R. G.. Do IRAs and Keoghs Increase Saving? [J]. National Tax Journal, 1984, 37 (1): 43–54.

[125] Hurd M., Panis C.. The choice to cash out pension rights at job change or retirement [J]. Journal of Public Economics, 2006, 90 (12): 2213–2227.

[126] Imrohoroğlu A., Imrohoroğlu S., Joines D. H.. The effect of tax-favoredretirement accounts on capital accumulation [J]. The American Economic Review, 1998, 88 (4): 749–768.

[127] Inkmann J., Michaelides A.. Can the life insurance market provide evidence for a bequest motive? [J]. Journal of Risk and Insurance, 2012, 79 (3): 671–695.

[128] Kahneman D., Knetsch J. L., Thaler R. H.. Experimental tests of the endowment effect and the Coase theorem [J]. Journal of Political Economy, 1990, 98 (6): 1325–1348.

[129] Karni E., Zilcha I.. Risk aversion in the theory of life insurance: The Fisherian model [J]. Journal of Risk and Insurance, 1986, 53 (4): 606-620.

[130] Leith K. P., Baumeister R. F.. Why do bad moods increase self-defeating behavior? Emotion, risk tasking, and self-regulation [J]. Journal of Personality and Social Psychology, 1996, 71 (6): 1250.

[131] Levin I. P., Gaeth G. J.. How consumers are affected by the framing of attribute information before and after consuming the product [J]. Journal of Consumer Research, 1988, 15 (3): 374-378.

[132] Lewis F. D.. Dependents and the demand for life insurance [J]. The American Economic Review, 1989, 79 (3): 452-467.

[133] Li Y., Rothschild C.. Selection and redistribution in the irish tontines of 1773, 1775, and 1777 [J]. Journal of Risk and Insurance, 2020, 87 (3): 719-750.

[134] Lockwood L. M.. Bequest motives and the annuity puzzle [J]. Review of Economic Dynamics, 2012, 15 (2): 226-243.

[135] Loubergé H.. Developments in risk and insurance economics: The past 40 years [M]. Handbook of insurance. Springer, 2013: 1-40.

[136] McDaniels T. L., Kamlet M. S., Fischer G W.. Risk perception and the value of safety [J]. Risk Analysis, 1992, 12 (4): 495-503.

[137] Merton R. C.. An intertemporal capital asset pricing model [J]. Econometrica, 1973, 41 (5): 867-887.

[138] Miceli R., Sotgiu I., Settanni M.. Disaster preparedness and perception of flood risk: A study in an alpine valley in Italy [J]. Journal of Environmental Psychology, 2008, 28 (2): 164-173.

[139] Milevsky M. A., Young V. R.. The timing of annuitization: Investment dominance and mortality risk [J]. Insurance: Mathematics and Economics, 2007, 40 (1): 135-144.

[140] Mitchell O. S., McCarthy D.. Estimating international adverse se-

lection in annuities [J]. North American Actuarial Journal, 2002, 6 (4): 38-54.

[141] Mitchell O. S., Poterba J. M., Warshawsky M. J., et al.. New evidence on the money's worth of individual annuities [J]. The American Economic Review, 1999, 89 (5): 1299-1318.

[142] Modigliani F.. Life cycle, individual thrift, and the wealth of nations [J]. The American Economic Review, 1986, 76 (3): 297-313.

[143] Mossey J. M., Shapiro E.. Self-rated health: A predictor of mortality among the elderly [J]. American Journal of Public Health, 1982, 72 (8): 800-808.

[144] Ostir G. V., Markides K. S., Black S. A., et al.. Emotional well-being predicts subsequent functional independence and survival [J]. Journal of the American Geriatrics Society, 2000, 48 (5): 473-478.

[145] Pang G., Warshawsky M.. Optimizing the equity-bond-annuity portfolio in retirement: The impact of uncertain health expenses [J]. Insurance: Mathematics and Economics, 2010, 46 (1): 198-209.

[146] Pissarides C. A.. The wealth-age relation with life insurance [J]. Economica, 1980: 451-457.

[147] Purcal S., Piggott J.. Explaining low annuity demand: An optimal portfolio application to Japan [J]. Journal of Risk and Insurance, 2008, 75 (2): 493-516.

[148] Riphahn R. T., Wambach A., Million A.. Incentive effects in the demand for health care: A bivariate panel count data estimation [J]. Journal of Applied Econometrics, 2003, 18 (4): 387-405.

[149] Rothschild C. G.. Adverse selection in annuity markets: Evidence from the british life annuity act of 1808 [J]. Journal of Public Economics, 2009, 93 (5-6): 776-784.

[150] Rothschild M., Stiglitz J.. Equilibrium in competitive insurance markets: An essay on the economics of imperfect information [J]. The Quar-

terly Journal of Economics, 1976, 90 (4): 629-649.

[151] Salovey P., Mayer J. D.. Emotional intelligence [J]. Imagination, cognition and personality, 1990, 9 (3): 185-211.

[152] Salovey P., Rothman A. J., Detweiler J. B., et al.. Emotional states and physical health [J]. American psychologist, 2000, 55 (1): 110.

[153] Sandmo A.. The effects of taxation on savings and risk taking [M]. Handbook of public economics. Elsevier, 1985, 1: 265-311.

[154] Schlesinger H.. The theory of insurance demand [M]. Handbook of insurance. Springer, 2013: 167-184.

[155] Schulze R. N., Post T.. Individual annuity demand under aggregate mortality risk [J]. Journal of Risk and Insurance, 2010, 77 (2): 423-449.

[156] Scott J. S., Watson J. G., Hu W. Y.. What makes a better annuity? [J]. Journal of Risk and Insurance, 2011, 78 (1): 213-244.

[157] Smart M.. Competitive insurance markets with two unobservables [J]. International Economic Review, 2000, 41 (1): 153-170.

[158] Spence M., Zeckhauser R.. Insurance, Information, and Individual Action [J]. The American Economic Review, 1971, 61 (2): 380-387.

[159] Starr C.. Social Benefit versus Technical Risk [J]. Science, 1969, 165 (3899): 1232-1238.

[160] Stone A. A., Neale J. M., Cox D. S., et al.. Daily events are associated with a secretory immune response to an oral antigen in men [J]. Health psychology, 1994, 13 (5): 440.

[161] Summers L. H.. Taxation and capital accumulation in a life cycle growth model [J]. The American Economic Review, 1981, 71 (4): 547-560.

[162] Sun W. Webb A.. Valuing the longevity insurance acquired by delayed claiming of social security [J]. Journal of Risk and Insurance, 2011, 78 (4): 907-930.

[163] Taylor S. E., Kemeny M. E., Reed G. M., et al.. Psychological

resources, positive illusions, and health [J]. American psychologist, 2000, 55 (1): 99.

[164] Thaler R. H.. Psychology and savings policies [J]. The American Economic Review, 1994, 84 (2): 186-192.

[165] Venti S. F., Wise D. A.. Have IRAs increased US saving?: Evidence from consumer expenditure surveys [J]. The Quarterly Journal of Economics, 1990, 105 (3): 661-698.

[166] Vidal-Meliá C., Lejárraga-García A.. The bequest motive and single people's demand for life annuities [J]. Belgian Actuarial Bulletin, 2004, 4 (1): 1-14.

[167] Yaari M. E.. Uncertain lifetime, life insurance, and the theory of the consumer [J]. Review of Economic Studies, 1965, 32 (2): 137-150.